JN059853

Human

Factors

Design

for

Building

Environment

環境の

ヒューマンファクター

デザイン

健康で快適な次世代省エネ建築へ
日本建築学会［編］

井上書院

はじめに

　わが国では，地球温暖化防止やエネルギーセキュリティの観点から，温室効果ガス排出削減および省エネのための各種政策が実行されています。2030年のZEB（net Zero Energy Building）の実現目標もその一つです。一方で，快適な環境の提供が建築設備の重要な役割であることから，快適性を損なわずに省エネを進めなければならない状況にあります。しかし，省エネの重要性・緊急性から，人への快適性という視点がないがしろにされてきた例も見受けられました。

　このような省エネの進め方は見直される方向にありますが，快適性を損ねずに省エネを進めていくためには，人の行動特性や生理的・心理的特性を考慮した環境構築手法が今後必要となっていくと考えています。例えば，外の空気条件が良ければ，窓を開けることを促すことで，空調エネルギーが緩和できます。また，人それぞれの好みを反映できるような空間を構築し，場所を選んでもらうことなども考えられます。このような考え方を「ヒューマンファクターを考慮した環境デザイン（ヒューマンファクターデザイン）」と呼ぶことにします。

　ヒューマンファクターという用語は古くからありますが，建築設備の分野では比較的最近になって使われ始め，まだ，統一した概念が形成されていません。そのような中で日本建築学会では，ヒューマンファクターに関する小委員会が設置され，議論を重ねてきました。その成果をまとめたのが本書です。

　本書では，ヒューマンファクター建築の事例を紹介し，ヒューマンファクターデザインとはなにかについて解説しています。また，現代の建築に求められる社会的ニーズを確認し，これまでのさまざまな研究によって得られたヒューマンファクターに関連する知見をまとめています。そして，ヒューマンファクターデザインに用いられる最新の研究成果および要素技術について解説しています。

　環境建築と言われる高い省エネ性をもち，周りの環境との親和性を高めた建築が，近年数多く登場してきています。この中にはヒューマンファクターを考慮した手法も多くみられます。現在，環境建築を計画している実務者にとっては，ヒューマンファクターデザインの考え方を取り入れることで，より効果のある環境性能が提供できるようになると考えます。また，これから建築環境計画・設計を学ぶ方にとっては，将来の環境構築の方向性を考えるうえでの参考書となります。多くの立場の方々に本書が活用されることを望んでいます。

2020年9月

日本建築学会
環境工学委員会
ヒューマンファクター建築刊行小委員会

ヒューマンファクターに至る道

　「ヒューマンファクター」をこれからの建築環境構築のキーワードとして提案するようになったのは，日本建築学会の建築設備小委員会でのことです。

　日本建築学会では，1992年に「床吹出し空調研究小委員会」（主査：石福昭）が設置されました。当時, ロイズ保険組合本社(ロンドン)，香港上海銀行本店(香港)，ヨハネスブルグ銀行(南アフリカ)などで床吹出し空調システムが導入され，日本でも導入事例が出てきました。そこで，床吹出し空調システムによって形成される環境がどのようなものか，人に与える影響はどうなのか，環境を悪化させない設計上の注意は何か，などの問題意識から研究が始まりました。床吹出し空調システムは, これまでの天井吹出し空調と異なり，人に近いところに吹出し口があり，天井から吹くよりも人への影響が大きいため，このような問題意識となったわけです。委員会では，このシステムによって形成される環境と評価，設計法，事例などが研究されました。

　その委員会のあと，2001年に「建築設備小委員会タスクアンビエント空調システムワーキンググループ(以下，WG)」(主査：秋元孝之)が設置されました。床吹出し空調システムは，全体空調でもありますが，人が操作できる個別空調の面も併せもったシステムであったため，次のテーマとして「タスク・アンビエント」がキーワードになったのは今でもうなずけます。このWGでは，タスク・アンビエント空調が居住域や局所環境を効率的に制御でき，快適性と省エネ性が両立できるシステムであると確信しました。そして次のテーマとしては，さらに人の積極的な関与を強調して，「環境選択」をキーワードとする「環境選択空調研究小委員会」（主査：野部達夫）が2005年に設置されました。ここでは，人に近い衣服から地球環境までの多層構造で環境をとらえ，快適性，環境制御について考察しました。

　この研究の終了時，これまでの研究を総合する言葉として，委員から「ヒューマンファクター」という言葉が出てきたわけです。そして，これをキーワードとする「ヒューマンファクターに配慮した環境構築小委員会」（主査：横山計三）が2013年に，続けて「ヒューマンファクターによる環境設計法小委員会」（主査：横山計三）が2015年に設置されました。もともと空調などによって環境を構築するのは人のために行うわけです。したがって，空調分野でいえば環境中で人はどのような温冷感や快適感をもつかということは，古くから研究されてきました。つまり，「ヒューマンファクター」という言葉は使っていなかったかもしれませんが，考え方としてはベースにあったわけです。また，「ヒューマンファクター」をキーワードとしている限り，環境要素は温熱だけでなく，空気，音，光，空間にまで

広がると考えています。

　このような経緯から「ヒューマンファクター」にたどり着いたのであり，25年以上の歳月を経てきたわけです。

　本書は，このヒューマンファクターに関する知見をまとめたもので，まず，ヒューマンファクターデザインの要素技術を適用した建物事例を紹介し，概略のイメージをつかんでもらいたいと思います。これまで，環境建築として紹介された建物にも，ヒューマンファクターの要素技術になるものが多く適用されています。

　第1章は「ヒューマンファクター建築のすすめ」と題して，新しい環境デザイン手法としてヒューマンファクターデザインを提案し，その概要を解説しています。第2章「ヒューマンファクター建築と社会的背景」では，近年注目されているZEB(net Zero Energy Building)，環境建築，建築物の環境性能評価法や，知的生産性向上，健康オフィスなど社会的背景とヒューマンファクターとのつながりについて解説します。

　また，第3章「古くて新しいヒューマンファクター」では，環境工学で古くから人間の快適性を扱ってきた知見など，ヒューマンファクターに関連する従来から注目されてきた項目を取り上げています。概念は古くからあるものの，まだ十分に普及までは至っていないパーソナル空調についても取り上げています。

　続いて，第4章は「人間の行動を考える」と題して，人間の行動に関する最新の研究成果について，人が快適と感じる要素，環境中の人の行動，クレームの発生機構，新しい評価法などを紹介します。そして，第5章では「ヒューマンファクターの要素技術」を収集して解説を行います。要素技術は，人の行動を促す技術，環境を構築する装置に関する技術，制御・センシング技術に分類しています。最後に，「ヒューマンファクター建築のこれから」について所感を述べています。

　今後は，広く環境要素をとらえ，複合した検討が重要であり，それらの成果も取り入れて，ヒューマンファクターデザインがより充実したものになるようにしていきたいと考えています。このヒューマンファクターに関する委員会は，「ヒューマンファクター環境制御法小委員会」(主査：近本智行)として現在も継続されています。将来，新たな成果をまとめて，さらに進化した形で発表したいと思います。

　2020年9月

日本建築学会

環境工学委員会

ヒューマンファクター建築刊行小委員会

主査　横山計三

目次

執筆者一覧

秋元　孝之　芝浦工業大学　　　2-2-1, 2-2-3

安藤　邦明　(株)竹中工務店　　5-1-2

鵜飼　真成　早稲田大学　　　　2-2-4, 3-2-2, 4-2, 4-3, 4-4

大黒　雅之　大成建設(株)　　　事例1, 2-1-4, 4-5-4, 5-1-1

太田　昭彦　清水建設(株)　　　事例4

大宮由紀夫　(株)竹中工務店　　事例3, 3-3-4, 5-2-4, 5-2-6

久野　覚　　名古屋大学　　　　3-2-4

小林　弘造　(株)日建設計　　　2-1-2

坂田　克彦　鹿島建設(株)　　　5-2-7

佐々木真人　(株)日本設計　　　3-3-2

島　潔　　　(株)大林組　　　　2-2-2

田辺　新一　早稲田大学　　　　2-1-1, 3-2-1, 3-2-3

近本　智行　立命館大学　　　　事例10, 4-1-1, 4-5-3, 5-2-1, 5-3-1, ヒューマンファクター
建築のこれから

徳村　朋子　(株)竹中工務店　　5-1-3

中野　淳太　東海大学　　　　　3-2-3

長續　仁志　(株)大林組　　　　事例5, 6, 7

西野　淳　　ダイキン工業(株)　事例9

野部　達夫　工学院大学　　　　1-1, 3-1, 3-3-1, 4-5-1, 4-5-2, 5-2-2

橋本　哲　　ダイキン工業(株)　5-2-3, 5-3-2, 5-3-3, 5-3-4

弘本　真一　鹿島建設(株)　　　事例8

松永　大輝　鹿島建設(株)　　　事例8

三浦　克弘　鹿島建設(株)　　　5-2-5

村上　宏次　清水建設(株)　　　2-1-3

横山　計三　工学院大学　　　　事例2, 1-2, 2-3, 3-3-3, 5-1-4

環境工学委員会

委員長　　　持田　灯

幹　事　　　秋元　孝之　　上野佳奈子　　大風　翼

委　員　　　（略）

企画刊行運営委員会

主　査　　　岩田　利枝

幹　事　　　菊田　弘輝　　望月　悦子

委　員　　　（略）

ヒューマンファクター建築刊行小委員会

主　査　　　横山　計三

幹　事　　　三浦　克弘

委　員　　　秋元　孝之　　鵜飼　真成　　大黒　雅之　　大宮由紀夫
　　　　　　小林　弘造　　佐々木真人　　島　潔　　　　田辺　新一
　　　　　　近本　智行　　野部　達夫　　橋本　哲　　　村上　宏次

協力委員　　長續　仁志

建築設備運営委員会

主　査　　　長井　達夫

幹　事　　　佐々木真人　　細淵　勇人

委　員　　　（略）

ヒューマンファクターに配慮した環境構築小委員会（2013年度〜2014年度）

ヒューマンファクターによる環境設計法小委員会（2015年度〜2017年度）

ヒューマンファクターによる環境制御法小委員会（2018年度〜2022年度）

主　査　　　近本　智行

幹　事　　　長續　仁志

委　員　　　秋元　孝之　　鵜飼　真成　　大黒　雅之　　大宮由紀夫
　　　　　　小林　弘造　　佐々木真人　　田辺　新一　　中野　淳太
　　　　　　西野　淳　　　野部　達夫　　三浦　克弘　　村上　宏次
　　　　　　横山　計三

協力委員　　佐藤　束久

[序]

ヒューマンファクター建築

事例

事例1

スマートウェルネスオフィス

本建物では、ＺＥＢであると同時にスマートウェルネスオフィスを実現するため、安全安心、低環境負荷性能の向上に加え、健康増進や快適性、知的生産性の向上を図るためのさまざまなヒューマンファクターの仕組みが取り入れられている。

（大成建設のＺＥＢ実証棟）

パーソナル吹出口

パーソナル空調（左）と調光可能な有機ELタスク照明（右）による環境の選択

掃出窓

採光装置

採光装置や掃出窓換気による心地よい空間（左：執務スペース，右：階段室）

多様な執務スペースの計画による空間の選択性

事例2

大学施設のヒューマンファクター

アクティブラーニングを中心とした大学施設の図書館では、従来の閲覧用テーブルのほかに、さまざまな家具やスペースが設置され、来館者の自由な閲覧形態、利用形態に対応している。
また、空調システムは、誘引型吹出し口による気流感の少ない空間を構成している。 （工学院大学新2号館）

閲覧テーブル、ブランコ型の椅子、円形ソファ

木製家具と多目的ブース

誘引型吹出し口

ステンレス天井のある学生ラウンジ

事例 3

ZEB化改修

ワークプレイスは、Activity Based Workingの考え方に基づきワークモードに適した場を執務者が選ぶレイアウトへと変更し、さらにスマートウェルネス制御により各エリアに適した環境設定を行うことで、ワークモードの切替えによる知的生産性の向上と、消費エネルギーの最適化を図っている。（竹中工務店東関東支店）

ワークスペース

コミュニケーションエリア

Activity Based Workingに基づくワークプレイスレイアウト

ダブルスキン

自然換気口

トップライトを開閉型に改修

高性能ファサードへの進化と自然環境の導入

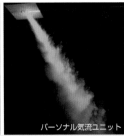
パーソナル気流ユニット

ウェアラブル情報端末

パーソナル空調とウェアラブル端末を利用したスマートウェルネス

事例4

中規模ZEBオフィスビル

シミズecoBCP®モデルビル（快適な省エネ・確実な節電・災害対策・エネルギーの自立を行うビル）として、ZEBを実現するとともに、快適性・知的生産性を向上させるために、さまざまなヒューマンファクター技術を取り入れている。

（清水建設四国支店）

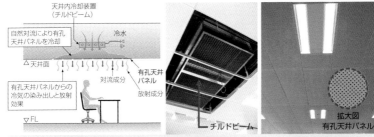

静穏で均一的な温熱環境を実現する自然対流を利用した新放射空調

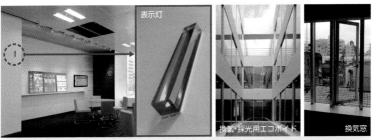

自然換気の積極的な導入と在館者自らの窓開けを促す表示灯

昼光利用によるアンビエント照明と
必要に応じた照度を確保するタスク照明

歩行による上下階移動を
促進するオープンな階段

事例5

健康に配慮したオフィス

本建物は、高水準の耐震性能とBCP機能を備えたオフィスを中心とした複合施設である。
エネルギーマネジメントに関する取組み、停電・断水・浸水に対するBCP機能を備えているほか、一日の大半を過ごすオフィスワーカーをターゲットとし、歩きたくなる階段、頭涼足温空調など、健康に配慮したオフィス環境を形成している。

(なんばスカイオ)

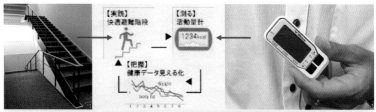

明るく広い避難階段での歩行促進と活動量の見える化

自然換気口

リバーシブルブラインドによる採光利用

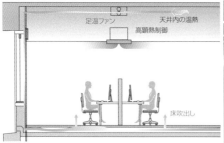

足元の冷えを改善する頭涼足温空調システム

事例6

低炭素化と知的生産性に配慮したオフィス

省エネ・省CO$_2$技術を積極的に採用し、かつ知的生産性と快適性の共存を図っている。一貫した哲学として、「執務する人をターゲットにデザインすべき」という思いで取り組んでおり、さまざまなヒューマンファクター要素が組み込まれている。2017年には、国内初のWELL認証ゴールドランクを取得した。　（大林組技術研究所本館）

利用者参加型の置換換気型自然換気システム

ICタグ在室検知によるパーソナル空調照明システム　　クールシャワー

健康や知的生産性を高める空間と場の選択性

事例7

テナント型スマートビルマネジメントシステム

WELL認証の評価指標を意識したスマートビルマネジメントシステムが導入され、建物利用者の一人ひとりの健康・快適を向上させる。

モバイル端末上で温冷感、明るさ感を申告し、申告者の位置情報に基づき、空調・照明が制御され、好みに応じた環境を形成することができる。

また、自然光による照度分布の見える化により、利用者の快適性、利便性を高める仕組みとなっている。

（oak神田鍛冶町）

利用者申告による温冷感・明るさ感の空調・照明制御システム

自然光を取り入れる開放的な窓

自然光による照度分布の見える化

トイレ利用状況の見える化

自然光を感じる屋上テラス

事例8

普及性のあるZEB Ready オフィスビル

都市部の狭小敷地という制約の中で、高いスペース効率とコスト合理性に配慮しながら、環境性能を最大限まで高めるという課題に取り組んだ。
汎用的な設備システムの採用を前提とした中規模賃貸ビルに、適応性の高い空調・照明の省エネルギー技術を開発・導入し、都市型中規模オフィスビルにハイレベルな省エネと快適性を両立したモデルビルを実現した。

（KTビル）

ファサード断面図　ファサード外観

ガラスブロックを用いた昼光利用と、明るさ感照明制御によるオフィス光環境

空気設備操作画面

ユーザーフレンドリーな
設備操作インターフェース

リフレッシュコーナー　階段

移動や交流を促進するハブ空間

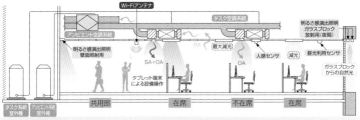

室内環境のセンシングデータによる空調・照明システムの省エネ制御

事例9

「協創」促進型オフィス

「圧倒的省エネ性能」と「快適な室内環境」の両立や、「協創を促進する場づくり」を目指して、空調・照明設備や室内環境の見える化、建築構造などヒューマンファクターを考慮した仕組みが取り入れられている。
（ダイキン工業TIC（テクノロジー・イノベーションセンター））

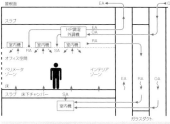

外気や在室者の状況に応じて「天井吹きモード」、「床吹出しモード」、「自然換気モード」、「外気冷房モード」など複数の空調モードから選択可能なシステム

太陽追尾採光装置と自動制御ブラインドを併設したトップライトによる自然光の取り入れ

室内環境とエネルギー消費状況をリアルタイムにサイネージへ表示し、入居者が確認

「独創」の場となる集中ブース

「協創」の場となるオープンなワイガヤステージ　集中ルームで徹底的に議論

チーム協創から個人集中までフェーズに応じて選択可能な「場」を配置

事例10

環境配慮実験棟トリシア

「環境配慮技術のショールーム」、「実践的効果検証の場」、「環境教育への展開」を掲げ、企業と連携しながら、省エネ・環境負荷軽減技術を導入し、教員・学生が「被験者」となって、効果検証や改善のための研究を進めている。　　　（立命館大学）

比較検証できる2室を準備　　　　　　技術の解説は漫画を利用

手元で指向性・拡散性気流を切替え可能なパーソナル空調（マンガ：松本廉太郎）

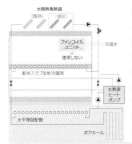

躯体スラブに埋設した配管を使い放射冷暖房を行う。天井あるいは床それぞれの放射冷暖房を実験的に検証。地中熱採熱はボアホール、水平埋設管を選択でき、採熱能力を検証。また加熱は太陽熱集熱器を利用。

水熱源ヒートポンプを利用することで、自然エネルギーの最大利用を検討。

また、放射環境改善による設定温度緩和に加え、FCUなどの空調機を設置せずに、放射冷暖房＋外調機のみ運転の可能性を検討。

地中熱・太陽熱および水熱源ヒートポンプ利用の躯体蓄熱空調システム

[1章]

ヒューマンファクター建築の

すすめ

新しい環境デザイン手法としてヒューマンファクターデザインを提案する。これまでのハードを主体とした環境構築から、人を主体とした環境構築に移行することにより、快適でエネルギー消費の少ない環境が構築できる。

1 設備設計論の変革

ロバストデザイン[robust design] ロバスト性(機能の安定性)の高い設計のこと。

最適設計 与えられた条件の下で最良を目指す設計。

エネルギー消費原単位 業務用建物などでは、全消費エネルギーを床面積で除して、床面積当たりの消費エネルギーを求める。これをエネルギー消費原単位という。工場などでは製造数量当たりのエネルギー消費量をいう場合もある。

　私たちの日常生活を振り返ってみると、毎日何らかの恩恵にあずかる自動車などの輸送機械は、複雑な道具としては卓越した完成度であるといえる。その車の世界では、ロバストデザインという言葉をよく耳にする。これは、実際の走行で設計時の想定と異なる条件で使われたとしても破綻を来さないようにするという、いわゆる合理的な冗長性を有する設計思想である。可動部品の塊である自動車を、いかなる使用者がいかなる状況においても長期にわたって安全かつ快適に機能させるためには、当然の帰結である。

　空調設備の設計では頻繁に「最適設計」という言葉が用いられてきた。コンピュータとシミュレーション技術の進歩により、入力条件さえ整えれば、以前に比べて格段に容易に最適解が得られるようになった。しかし、この場合の最適とは、想定の条件に対する最適であり、現在のように将来を予測できない時代においては、狭義の最適である。

　このところ関心をもって見ていた都内のある有名オフィスビルは、先年その数十年にわたる生涯を閉じた。建設当時は画期的であった設備システムも、今となっては取り立てて高性能な部分は見あたらず、室内環境もいたって平凡である。しかし、大規模な用途変更があったにもかかわらず、エネルギー消費原単位はかなり低い水準を維持し、執務者からも好評であった。設計者がどのような将来予測のもとにこの建築を設計したのかは、非常に興味をそそるところである。また、結果から見ればこの建物はかなりロバスト性の高い設計であったといえる。

　建築を長期にわたって存続させようとする場合、設計条件の設定は大変難しい。むしろ将来は予測し得ないといったほうが正確かもしれない。将来が予定調和であるならば、ピンポイントをねらう研ぎ澄まされた最適設計も可能であるが、景気の動向やエネルギーコストの乱高下、あるいはインフルエンザの流行など、

将来はまったく思いもよらない変化を遂げる。

ロバストデザインを考察するために、最近普及が目覚ましいマルチパッケージ型空調システムの設備容量の実態について、図面調査をした。そこで気がついたのは、用途や地域にかかわらずおしなべて冷房能力が200W/m²以上にそろっていることである。セントラル方式のようにスケールメリットを生かしにくい点や、ユニットの高低差や配管長による能力低下に対する配慮も考えられるが、実際の負荷を考慮すれば相当な過大設計である。これは負荷計算以外の、例えば不動産取引上の評価基準などによって、大は小を兼ねるという大局的判断により設備容量が決定されていることを物語っているのではなかろうか。

建築の設計は経済を中心とする社会科学の最適化問題でもあり、自然科学ましてや工学の部分最適化で解決できる範囲は限定される。設計の実務の大部分は、設計条件の設定およびその確認と整理にかかわる作業であり、システムの選定や装置容量の決定、あるいは設計図書の作成といった実務者以外の方が想像する設計の中核となる作業は、むしろ従属的なルーチンかもしれない。設計条件のコンセンサスが発注者との交渉で構築されるプロセスにおいて、システムの全体像はすでに設計者の頭の中に描かれているはずであり、極論すればドキュメントの作成はその情報の固定化に過ぎず、シミュレーションもその根拠の客観化である。

同様に、ここで扱うヒューマンファクターは、かつては予定不調和を引き起こす人間側の不確定な変数として扱われていたが、近年はそれを科学的に考察する努力が払われ始めた。本書はその建築設備における嚆矢（こうし）となるものである。的確な将来予測が本質的に難しいのであれば、勘に頼ったデザインしか残されていないが、ヒューマンファクターの存在に気づくことによってロバストデザインへの合理的なアプローチが可能となる。なお、このヒューマンファクターについては、次節以降で詳しく述べる。

マルチパッケージ型空調システム
複数台の室内機を同一冷媒配管に接続する空調方式。

スケールメリット 規模を大きくすることによって得られる利益。

2 ヒューマンファクターデザインのすすめ

2-1 ヒューマンファクターとは

ヒューマンファクター[human factors] 人的要因、人的特性のこと。人は以下のような特性をもっている[1]。これらは、疲労やストレス、心理状態、時間経過などで変化する。
• 物理的特性:身体部位の動き方、体力、知覚
• 生理的特性:生理反応
• 心理的特性:思考、感性
• 行動特性:行動の傾向、パターン

ヒューマンファクターデザインの詳細について述べる前に、ヒューマンファクターという用語について確認しておく。

ヒューマンファクターという用語は、古くからさまざまなところで使われているが、建築や設備の分野では、近年になって使われるようになってきた。

ヒューマンファクターとは、「人的要因」あるいは「人的特性」のことである。この人的特性とは、人間のもっている物理的特性、生理的特性、心理的特性や行動特性などをいう。人は、そのときの体調、疲労やストレスの状態、心理状態などによって異なる反応や行動を起こす。また、同じ環境でも滞在する時間が経過することでその感じ方は変化するものである。つまり、同じ人、同じ環境でも、ときによって感じ方が異なるわけである。

ヒューマンファクターと関連した用語に「ヒューマンエラー」、「人間工学」がある。

ヒューマンエラーと人間工学
①ヒューマンエラー[human error]
• 事故、不具合などの原因が人の行動に起因するものをいう。
• ヒューマンエラー防止への取組みにおいてヒューマンファクターが検討される。
②人間工学[ergonomics]
• 人間と製品、機械、システムとの関係を考える学問。

前者のヒューマンエラーは、プラントやシステム、あるいは航空機・列車などの事故の原因が人間にあるときに使われる。故意や過失を問わず、人間の判断や操作の誤りをヒューマンエラーという。ヒューマンエラーは、ヒューマンファクターの負の側面を強調したような言い方である。

一方、後者の人間工学は、人間と製品や機械との関係を考える学問で、人にとって使いやすい製品・システムとは何かを考えることである。これをエルゴノミクスとも呼んでいる。

「ヒューマンエラー」、「人間工学」のどちらも、人間の行動特性、つまりヒューマンファクターを明らかにして、それをもとにエラーを防ぐ工夫を行うことや使いやすい製品をつくることに生かされているのである。

2-2「我慢の省エネ」からの脱却

エネルギーセキュリティ 日本はほとんどのエネルギーを輸入に頼っているため、自給率が9.5%（2017）とかなり低い。有事の際はエネルギーの供給が途絶える懸念があることから、できるだけ自前のエネルギー源を確保する必要があるという考え方。

京都議定書 1997年、第3回気候変動枠組条約締約国会議（COP3）が京都で開催され、世界全体の温室効果ガス排出量を2008年から2012年の排出量の平均で1990年比5%削減を目標とすることが採択された。京都議定書は、2005年に発効し、日本は6%削減の義務を負った。結果として日本は削減目標を達成したが、途上国や米国の不参加という問題が指摘された。

　現在、わが国では、地球温暖化防止あるいはエネルギーセキュリティの観点から、温室効果ガス排出削減や省エネに向けた各種の政策が実行されている。一方で、快適な環境を提供することは建築設備の重要な役割であり、省エネとの両立が求められる。

　これまでの業務用ビルなどのエネルギー消費と室内環境との関連を見ていくと、1990年代前半までは、インテリジェントビルに代表される先進的な建物において、OA化の進展と室内環境の快適性の追求が行われ、エネルギー消費が増加する傾向にあった。しかし、地球温暖化の顕在化、京都議定書への対応などから、エネルギー消費削減を進める必要性が高まり、快適性がやや犠牲にされる傾向にあった。その後、東日本大震災後の電力のひっ迫などで暗くて暑いという「我慢の省エネ」が多く見られるようになった。近年ではこれが見直され、快適性を損ねずに省エネを達成するという考え方に移行してきたが、省エネを進めながら快適性も損ねず、生産性の向上まで達成させるには、これまでのような単なるハードウェアの提供だけでは限界がある。そこで注目されるのが「ヒューマンファクター」である。人が受け入れられる環境とは何か、人は環境に対してどのような反応をするのかという人間系の要素を考慮することにより、我慢ではない「真の省エネ」が実現するのである（図1）。

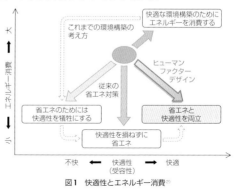

図1　快適性とエネルギー消費 [2]

ヒューマンファクター建築のすすめ

環境調整装置 ここでは、空調機や照明器具などを環境調整装置と総称した。

　図2は、ヒューマンファクターデザインによる環境構築の概要を示したものである。空調・照明などの環境調整装置によって室内の環境が形成され、居住者はその空間が快適か不快か、暑いか寒いかなど何らかの反応をしている。その情報は、申告や直接計測、あるいは周りの物理量を計測することから推測することにより得られる。その情報をもとに、ヒューマンファクターを考慮した処理を行い、環境調整装置の運転制御や居住者にアウトプットを与える。処理プロセスへのインプットとしては、温湿度などの物理量、行動検知、クレーム、満足度などの心理量、体温、発汗などの生理量である。またアウトプットとしては、環境調整装置制御信号、窓開けなどの行動情報・省エネ情報などが考えられる。

　このようにヒューマンファクターをベースに環境構築計画を行うことがヒューマンファクターデザインである。なお、検知した情報を処理するプロセスは、自動制御のようなリアルタイムのシステムとは限らず、実験などオフラインでの計測結果をシステムに反映するなど、あらかじめシステムに組み入れておくことなども含まれる。

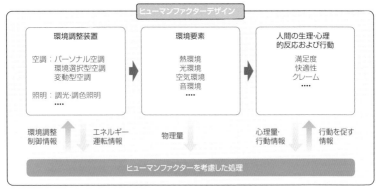

図2　ヒューマンファクターデザインの概要[2]

2-4 ヒューマンファクターデザインの効果

ヒューマンファクターデザインによる環境構築の効果としては、下に示すように大きく3つあげられる。

①満足度・快適性の向上

②快適性を損ねない省エネ戦略

③働き方改革、健康経営への貢献

この3つはお互いに関連しており、居住者の快適性・満足感を高めつつ、省エネを図ることができ、また、それが健康経営にもつながることになるといえる。

どんなに注意して環境を構築し、コントロールしても居住者全員が満足することはない。人によって活動量や、着衣量が異なるからである。また、その日の体調によっても環境に対する感じ方が違ってくる。このように「ヒューマンファクター」が個人や時間によって異なるので、これまでの時間的・空間的に均一さを求める環境構築の考え方では、真に快適な環境を提供するには十分でないことがわかる。

したがって、居住者のさまざまな要望やクレームなどを「ヒューマンファクター」を考慮して分析することによって、快適性や満足度を向上させるための対策立案に生かし、真に満足のいく環境を構築することができる。

具体例は5章で述べるが、例えば、省エネを優先して室内温度を高くすると居住者の不快感が増大し、満足度が低下するが、ヒューマンファクターを考慮して快適感を向上するような対策をとることにより、不満足者の増加を食い止めることができる。そして、究極的には健康経営にもつなげることができる。

つまり、ヒューマンファクターという「ソフトウェア」を使って、「ハードウェア」である建築・設備システムを運用することで、快適性を損ねずにZEBを達成するという言い方もできる。

省エネ戦略としてのヒューマンファクター　国立研究開発法人新エネルギー・産業技術総合開発機構（以下NEDO）では、2010年に「省エネとヒューマンファクターに関する技術調査委員会」を設置し、中間報告が行われた。また、「省エネ技術戦略2011」、「省エネ技術最前線」、「省エネ技術戦略2016」などで、ヒューマンファクターを省エネのための新しい手法と位置づけている。⇨55ページ

ZEB[net Zero Energy Building]⇨40ページ

2-5 ヒューマンファクターデザインの基本機能と適用のポイント

1) 基本機能

ヒューマンファクターデザインで用いられるシステムや要素技術は、以下に示すような3つの基本機能を1つ以上もったものといえる。このような機能をもったシステムや技術を採用し組み合わせることが、ヒューマンファクターデザインでは必要である。以下に3つの基本機能について解説する。

①自己効力感を与える

自己効力感は、心理学で用いられる用語であるが、外界に対して自分が何らかの働きかけをすることができるという感覚のことである。空調でいえば、自分で風量、風向、温度などを操作できるという感覚で、そのことにより満足感が上がり、クレームも減少する。個人が自由に調整できるため、エネルギー消費が増加するということがないような工夫も必要である。また、変化させられるということだけで、実際に変化させなくても満足感が上がることもある。

自己効力感[self-efficacy]
⇨118ページ

②行動変容を促す

人の行動の変化のことを行動変容という。快適性向上や省エネを進めるためには、居住者の行動が重要である。そこで、居住者に情報を提供して行動を促す取組みがなされている。このような居住者の行動を促すことで、より快適でエネルギー消費の少ない環境へ移行させることができる。例えば、外気の状態から窓開けを促す情報提供などがこれに相当する。

③順応・刺激を利用する

人の快適と感じる範囲は、そのときの心理状況や温熱的履歴による適応状態によって異なる。de Dearらが提唱したアダプティブモデルは、環境適応モデルと呼ばれ、快適と感じる環境条件は外気温度などによって異なることを示している。このような人の特性を順応性と呼ぶ。また、順応した状態から刺激を与えることで、ストレスを与え、覚醒を促すこともこの機能に含まれる。

アダプティブモデル[adaptive model] 環境適応モデル。
⇨83ページ

2) 適用ポイント

　ヒューマンファクターデザインを採用する建築では、気象条件など外部環境の影響をある程度遮断することにより、効果が発揮できるので、ZEB構築と同様に、パッシブな手法で建物の負荷をできるだけ減らすような計画をすることが求められる。

　その上で、ヒューマンファクターを考慮した各種要素技術の適用を行う。適用のポイントは前項で示したように、自己効力感、行動変容、順応・刺激といった3つの基本機能をいかに発揮させるかということである。

　ヒューマンファクターデザインの要素技術適用のイメージは、図3に示すように、熱、空気、光、空間といった各環境要素について、最適な要素技術を導入し、ヒューマンファクター技術を推進する制度の適用と室内環境や居住者の状態を把握できるような計測・評価技術によって、自己効力感、行動変容、順応・刺激という人間への働きかけである3つの基本機能を確実に発揮させるというイメージである。

ヒューマンファクター技術を推進する制度　施設の運用規則などの制度面の自由度は、ヒューマンファクター建築*を効果あるものにするためには欠かせない。例えば、フリーアドレスやABW（Activity Based Working）という場所を選ばない働き方を認めるような企業や組織の制度がないと、環境に合わせて場所を移動する方法などは対応できない。また、スーパークールビズのような服装の自由度を高めることにより、設定温度の緩和された環境での執務も可能となる。このように、働き方の選択肢が多くあることによりヒューマンファクターデザインの機能がより効果的に発揮される。
＊ヒューマンファクター建築：ヒューマンファクターデザインを採用した建築をいう。

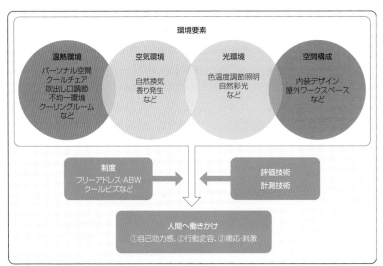

図3　要素技術の適用イメージ [2]

2-6 環境要素ごとの導入の考え方

1) 温熱環境とヒューマンファクター

①個人の好みを反映できる環境選択性を与える

PMV・PPDの理論
⇨76ページ

PMV・PPDの理論でも明らかなように、均一の環境であってもすべての居住者を満足させることはできない。したがって、個々の人が、好きな環境を選べるようにする、つまり自己効力感を与えることで、満足度、快適性を向上させることができる。これを実現するためには、居住者が温度や気流を自由に選べるようにするシステムを導入する方法や、室内に意図的に不均一な環境をつくり、自由に場所を選ばせるという方法がある。前者は、パーソナル空調システムがそれにあたるが、まだ普及には至っていない。それに近いものとして、個別に気流感を変えられるような吹出し口やファン付きの椅子であるクールチェアなどがある。

パーソナル空調システム
⇨91ページ

クールチェア
⇨140ページ

後者の不均一な環境構築は、室内に温度の異なる空間をつくり出して、居住者が選択するという方法であるが、これは執務場所を自由に選べるフリーアドレスなどの制度が前提となる。また、外部にいた人と執務室に滞在した人の熱履歴の違いによる不満足感を緩和する方法としてクーリングルームがある。

クーリングルーム 一般の執務者と異なる行動の人に対して、環境になじむための場所を与える方法で、不均一な環境構築と近いが、この場合は、もっと極端な環境がつくられ、短い時間で室内環境になじむように考えられている。
⇨138ページ

②時間的に非定常な環境を与える

これまでの定常な環境から、意図的に非定常な環境を構築することで、人に刺激を与えることができる。それによって適度なストレスが生じて覚醒感を与え、快適感や生産性の向上を図ることができる。例えば、間欠空調、気温を変動させるなどの方法がある。

ストレス[stress] ストレスは、大きくなると生産性を阻害するが、ストレスのない環境も生産性を阻害されるといわれている。

③人の行動を促す

人の環境に対する行動を促すために、パソコンや携帯電話のメールやアプリなど、各種の媒体を使って行動を促す。例えば外部の条件が、自然換気による冷却に有効な場合に、それを居住者に知らせて窓開けなどの行動を誘発する。そして、この行動をとることによりどのような効果があるかを示すことが必要である。このような場合には、窓が開けられる構造が前提となる。

さらに発展した形態として、外部に執務スペースを確保して、外部条件の良好なときは、情報を与え、外部に誘導する。屋外ワークスペース、屋上の実験的オフィス、図書館の外部閲覧スペースなどがその例である。

屋外ワークスペース
⇨130ページ

図書館の外部閲覧スペース
⇨136ページ

2) 空気環境とヒューマンファクター

①人の行動を促す

自然換気を促すために外部の環境情報を与え、窓開けを誘導する。あるいは、居住者自体が外部に移動する。単に空気質だけの問題ではなく、温熱的にも条件が合っている必要がある。そのほか、換気装置や空気清浄機などを操作できるようにして、その利用を促す情報を与えることも考えられる。

3) 光環境とヒューマンファクター

①時間的に非定常な環境を与える

照度を時間によって変化させることにより、意図的に非定常な環境を提供することで、人に対して刺激を与える。それによって覚醒感を与え、生産性の向上を図ることができる。例えば、調光・調色照明と呼ばれる方法があり、一定照度に保つより照度が低めに維持できる傾向があり、省エネとなることが報告されている。

調光・調色照明
⇨152ページ

②空間的に非定常な環境を与える

明るさ感は、輝度の影響を受ける。意図的に輝度分布をつけることにより明るさ感が増し、省エネになる。

③色温度によって温冷感を変える

色温度によって温冷感が異なることを利用して、照明の色温度を季節によって変更し、夏は涼しく、冬は暖かく感じさせることが行われている。

色温度[color temperature]
ある光の色度に等しいか、または近似する色度をもつ完全放射体（黒体）の絶対温度を、その光の色温度という。色温度が高ければ青白い光色、低ければ赤味がかった光色となる。単位はケルビン[K]。

4) 空間構成とヒューマンファクター

室内の壁や家具の色・材質などの内装デザインを考慮することで、快適感の向上や温冷感の変化が見込める。例えば、暖色・寒色による熱的な心理面の効果を狙った室内仕上げによって温度条件を緩和させることや、木質系材料を用いた快適感への効果などが考えられる。

2-7 効果の検証

　ヒューマンファクターデザインによって構築された環境の効果は、人の心理面、生理面、物理面から計測され、各種の評価方法により検証される。

1) 計測

　計測方法には、リアルタイムで計測する場合と不定期に計測、あるいは実験室などで計測する場合などが考えられる。

①リアルタイムでの計測

　現在の居住者の状況を把握するには、多人数のリアルタイム計測が理想的である。近年、ウェアラブル情報端末・センサなどの開発により、人体生理情報を検知し収集することが比較的容易にできるようになった。また、人がどこにいるかという位置情報も必要で、エリアでの人数把握や個人の所在地の特定などの人体検知手法も発達してきた。

　人が快適と感じているか、不快ではないかということを人の側から申告する手法も利用でき、それにより現状の環境が受け入れられるかどうかが判断できる。パソコンなどで申告する方法は従来から行われてきたが、簡単に申告できることが重要である。申告スイッチを各個人の机上に置いていつでも申告できるようにする「オストラコン」と呼ばれる方法もある。

②不定期の計測

　リアルタイムではないが、ある一定期間の人の行動などを調査してその結果をシステムの運用に反映することで、システムの評価を行うことができる。例えば、行動観察という方法をとることで、居住者の快適性を向上させることができる。これまで行われてきたアンケートによる把握も不定期の計測といえる。

③実験室での計測

　実験室において、詳細な計測を行い、その結果をヒューマンファクターの分析に用いるという方法も考えられる。例えば、各種の条件を設定して、そのときの人の反応を脳波やその他の生理的計測を行い、その

ウェアラブル情報端末
⇨160ページ

オストラコン[ostrakon]
⇨101ページ

行動観察[action reserch]

情報を蓄積することで、実際の環境における人の反応の予測を行う。実際の環境では、計測が困難な対象についてはこのような方法が有効である。

2）評価方法

ヒューマンファクターデザインに特化した評価方法は、まだ確立されていない。これについては今後の研究の進展が望まれる。

しかし、これまで建築環境の分野では、人の快適性についてさまざまな評価方法が生み出されてきた。表1のように各種環境指標、PMV、PPD、SET*など多数あげられる。また、近年のセンシング技術の進展にともない、人体の生理情報を計測し評価する方法も試行されている。これらの評価方法を用いて、ヒューマンファクターデザインによって構築された環境の効果について評価を行うことができる。また、知的生産性の計測方法も、アンケートを利用した主観評価法やタスクを利用した客観評価法が試みられている。

このような評価技術を活用することにより、ヒューマンファクターデザインの評価につなげることができると考えている。

PMV
⇨76ページ
PPD
⇨76ページ
SET*
⇨79ページ

知的生産性
⇨61ページ

タスク[task]

SAP [Subjective Assessment of workplace Productivity]　知的生産性評価システム。居住者のいる空間の知的生産性を主観的に評価するアンケートシステム。（一社）日本サステナブル建築協会によって開発された。

表1　計測項目と評価指標例

計測項目	物理量	温度、湿度、放射温度、気流速、粉塵濃度、一酸化炭素濃度、二酸化炭素濃度、照度、輝度、色温度、騒音レベル、電力量、在室人数
	心理量	快適感、温冷感、満足度
	生理量	心拍数、体温、脳波、代謝量、脳内血流量、平均皮膚温、唾液アミラーゼ濃度
評価指標	温冷感指標	PMV、PPD、作用温度(OT)、等価温度、環境受容度
	エネルギー指標	エネルギー消費量
	知的生産性指標	SAP、タイピング誤打率

2章

Human Factors Design for Building Environment

ヒューマンファクター建築と

社会的背景

建築物の環境への配慮、省エネの要請などが現代社会では求められている。
このような社会的背景において、ZEB(net Zero Energy Building)、環境建築、
建築物の環境性能評価や、知的生産性向上、健康オフィスなどが注目されている。

1 環境共生・省エネのニーズ

1-1 ZEB

ZEB oriented ZEB ready を見据えた建築物として、外皮の高性能化および高効率な省エネ設備に加え、さらなる省エネの実現に向けた措置を講じた建物の延べ面積が10,000m²以上の建築物。

一次エネルギー 化石燃料を中心として、原子力燃料、水力、太陽光、風力など自然から得られるエネルギー。

二次エネルギー 電気、灯油、都市ガス、LPG（液化石油ガス）等のビルや住宅で身近に使用されるエネルギー。一次エネルギーを変換・加工して得られる。

ZEB ready 再生可能エネルギーを除き、基準値の50%以上一次エネルギー消費量が削減された建物。

nearly ZEB ZEB readyの建物に、再生可能エネルギーを加えて75%以上一次エネルギー消費量が削減された建物。

ZEB ZEB readyの建物に、再生可能エネルギーを加えて100%以上一次エネルギー消費量が削減された建物。

　2014年4月11日に閣議決定された「エネルギー基本計画」において、「建築物については、2020年までに新築公共建築物等で、2030年までに新築建築物の平均でZEBを実現することを目指す」とする政策目標が示されている。ZEB（ネット・ゼロ・エネルギービル）に関しては、定義が曖昧であったことから、ZEBロードマップ検討委員会が2015年4月に設置され、2015年12月にZEBの統一的な定義が定められ、実現可能性を検証するとともに、目標達成に向けたロードマップが公表された。さらに2019年3月に10,000m²を超える建築物にZEB Orientedの定義が加わった。

　ZEBロードマップ検討委員会[1]では、ZEBとは「先進的な建築設計によるエネルギー負荷の抑制やパッシブ技術の採用による自然エネルギーの積極的な活用、高効率な設備システムの導入等により、室内環境の質を維持しつつ大幅な省エネを実現したうえで、再生可能エネルギーを導入することにより、エネルギー自立度を極力高め、年間の一次エネルギー消費量の収支をゼロとすることを目指した建築物」としている。ZEBの定義に関しては、図1、2に示すように定められた。これは、空気調和・衛生工学会ZEBガイドラインに基づくものである。空気調和・衛生工学会の定義では、分母の基準となる一次エネルギー消費量に関しては、計算値、実績値、データベースの平均値などを許しているが、資源エネルギー庁の定義では、設計時の基準適合値を分母としている。BEI（Building Energy Index）とは、基準一次エネルギー消費量に対して対象となる建築物の設計一次エネルギー消費量が何%であるかを示すものである。国土交通省が認めたプログラムで計算する。基準値より50%（BEI＝0.5）以上削減した建物であることがZEBの必須条件

となり、ZEB Readyと呼ばれる。

設計時と運用時のエネルギー消費量は一致しないことがある。設計時には建物の使用者がわからないことも多く、想定された内部負荷、使用時間、在室人数などが実際には異なることが多い。設計者にとっては、その建物がどのような使い方をされても運用時にZEBが達成できることを約束することはきわめて難しい。ZEBでは運用はさらに重要で、適切な運営が必要となる。

ダウンサイジング[downsizing]
規模を小さくすること。

また、設計設備容量をダウンサイジングすれば、設計時の省エネ性能BEIを向上させることはできる。一方で冗長性がなくなることを意味する。例えば、LED照明の能力を750lxとして設計して500lxで運用するのか、500lxで設計して500lxで運用するの

正味で75%以上省エネを達成したものを Nearly ZEB
正味で100%以上省エネを達成したものを ZEB

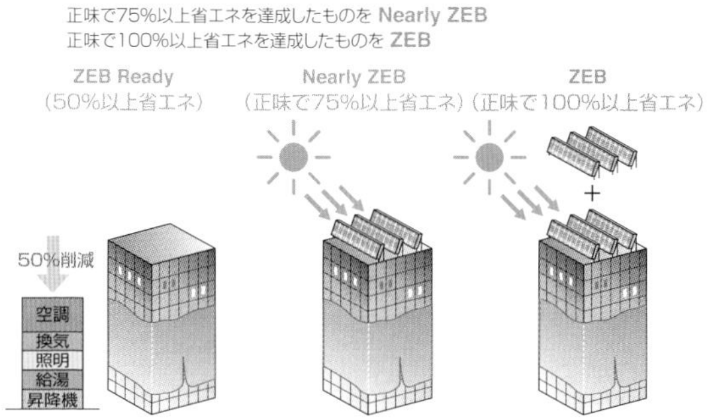

図1 ZEBの定義

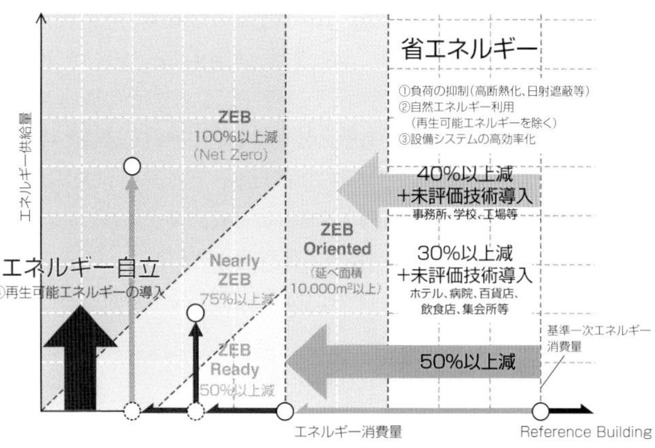

図2 ZEBの定義2)

ZEBは白い 昼光利用を促すために室内,什器が白い場合が多い。

WEBプログラム エネルギー消費性能計算プログラム(非住宅版)、WEBPROと呼ばれる。国立研究開発法人建築研究所が提供。

その他のエネルギー プリンター、パソコン、OA機器など使用者が持ち込む機器によるエネルギー消費量。

トップランナー制度 電気・ガス・石油機器などの省エネルギー基準を、それぞれの機器について、現在商品化されている製品のうち、最も優れている機器の性能以上にするという考え方に基づく制度。

建築物省エネルギー性能表示制度 [BELS]新築・既存の建築物において、第三者評価機関が省エネ性能を評価し認証する制度で、43ページ・図3のような表示を行うことができる。また、既存建物の改修時等において省エネ基準への適合が認定された場合、43ページ・図4のような認定マーク(eマーク)を表示することができる。出典:「住宅・ビル等の省エネ性能の表示について」、平成28年3月、国土交通省資料

ライフサイクルコスト[life cycle cost] 建物を建設し、寿命期間中運転し、維持保全し、最後に取り壊すときまでに要する総費用。「LCC」ともいう。

かで運用時エネルギーはほぼ同じでも設計時評価値は異なる。入居者がわからない場合には不動産価値が低くなる可能性すらある。また、自然換気、照明の調整、運用など居住者の努力が現在のプログラムでは反映が難しく、居住者の行動に関する考慮も必要になってくるであろう。ZEBは内装や什器が白いと言われる。運用時の工夫が大切になる。

設計一次エネルギー消費量を計算するWEBプログラムでは評価できない技術がある。省エネポテンシャルをもつ最新技術は、適切にプログラムに反映される仕組みが必要である。また、BEIの算出時にはOA機器などのその他のエネルギーが含まれていない。設計時評価では室用途によって計算条件として与えられる。実運用時には設計時の想定内部負荷よりも低くなることが多い。内部負荷を低減すれば、冷房エネルギー消費量を計画時よりも削減できる。そのように考えると、OA機器などにはトップランナー機器を積極的に導入すべきである。また、暖房負荷が増えるのでZEBでは外皮性能が非常に重要になる。

国土交通省が行っている建築物省エネルギー性能表示制度(BELS)ではZEB表示ができるようになっている。また、ZEB実証事業の補助事業者は省エネ性能の第三者認証を受けることが必須の要件となった。これまでに、非住宅建築物でBELS表示を行っている建物は、1124件ある(2019年8月31日)。そのうち、『ZEB』 が 27 件、Nearly ZEB が 55 件、ZEB Readyが219件である。これらの成功事例の収集が大切である。公共建築物においては特に初期投資増加に関する制約が厳しく、ライフサイクルコストなどの説明資料を準備しておく必要がある。地方公共団体でも複数のZEBの建設計画があり、従来の公共建築建設の建設プロセスでは難しい点があることもわかってきている。

一般社団法人環境共創イニシアチブ(以下、SII²)において、平成24年度から30年度までに311物件に対してZEB補助が行われている。ZEB、Nearly

図3

図4

RE100 事業運営を100%再生可能エネルギーで調達することを目標に掲げる企業が加盟する連合。

再生可能エネルギー 太陽光、風力、バイオマス、水力、地熱など、自然を利用したエネルギー。

グリーン電力 再生可能エネルギーによってつくられた電気。

ZEB、ZEB Readyに合致するものは125件ある。SIIの資料によれば、補助金で広く採用されているのは、外皮断熱、高性能ガラス、高効率空調、全熱交換システム、高効率照明、省エネ照明制御システム、運用時チューニングである。事務所では日射遮蔽、病院・商業施設ではヒートポンプ給湯器、高効率トランスの導入事例が多い。建物用途別としては、事務所、老人・福祉施設が多い。建物用途によってZEB達成の難易度が異なるためであろう。また、日本ではZEB、BELS計算でその他エネルギーが除外されていることも削減率向上の難易度に関係する。全般的に太陽光などの再生可能エネルギーによる一次エネルギー消費量の削減効果は、戸建住宅と比較すると設置可能面積との関係で必ずしも高くはない。

BELSで認証されているZEBは低層のものが多い。国土交通省の資料によれば、2017年4月から省エネ適合義務が課された延べ面積2,000m²以上の非住宅は住宅も含めた全着工件数の0.6%であるが、エネルギー消費量では33.7%を占める。ちなみに、300〜2,000m²の非住宅の着工棟数は2.6%でエネルギー消費量は14.9%である。

また、RE100という100%再生可能エネルギーで事業運営をすることを目標に掲げる企業が加盟する国際イニシアチブが注目されている。2020年の政策目標に向けた進捗や課題が明らかになってきたことから、今後の日本の経済状況なども踏まえ、2030年の目標の達成に向けてさらなる対策が検討されている。日本では、ZEBに関しては敷地外の再生可能エネルギー利用に関する議論が行われていない。この考え方では、ZEBを実現するためにグリーン電力の導入が可能になる。また、今後は太陽光、風力の時間変動を調整する能力の価値が向上して行く可能性がある。VPP(Virtual Power Plant)、DR(Demand Response)などに関してもZEBでは考えていく必要があるだろう。

1-2 環境建築

　建築は、企画・設計に始まって、建設(その建設資材の生産も含む)、運用、維持管理、修繕・改修、解体・廃棄といった建物のライフサイクルを通じて、さまざまなかたちで環境にインパクトを与える。特に建設段階では多くの自然資源を用い、運用段階では多くのエネルギーを消費する。これらのプロセスにおいて人為的影響による気候変動が生ずるものと考えられている。また、プロセス中に生じる廃棄物は、土壌・河川・海洋・大気などの汚染の原因となり得る。

　環境建築あるいは環境配慮建築は、個々の建築のこれらのインパクトを小さくする、さらには、自然エネルギーの変換利用まで駆使して、他の周辺建築群のインパクトをも小さくすることなどを意図して、企画・設計し、建設し、運用されていく建物である。図1に環境建築の計画例を示す。

　建物のライフサイクルにおいて、環境へのインパクトを低減するための基本的な項目は以下である。

①建物の長寿命化:長寿命化により総合的に環境負荷を低減する。階高や床面積・床荷重等の余裕度などにも配慮されることが必要で、それにより内部機能の変化に柔軟に対応できるものとなり長寿命を実現しやすくなる。構造体の耐久性や、非構造部材および設備の耐久性・更新性等も重要なファクターとなる。

②適正使用と処理:建設副産物や廃棄物の削減と適正な処理や、資材と資源のリユース・リサイクルを建設段階から運用段階まで含めて配慮することが重要となる。自然材料など、人と環境にやさしいエコマテリアルの採用にも配慮されるべきである。

③省エネ・省資源:負荷の削減と自然エネルギー利用や設備の高効率化等の建物ハードの対応に加え、運用者の理解と創意工夫によるソフトの取組みの効果も大きい。ハードとソフトをつなぐより上手な仕組みが、ヒューマンファクターを考慮したシステムと

エコマテリアル[eco material]
ライフサイクルの視点で、環境負荷の小さい物質の総称。自然素材やリサイクル材の一部が該当する。

ヒューマンファクター建築と社会的背景

して構築されることが望まれる。

④周辺環境保全：地域生態系保全や周辺環境への配慮により、総合的に環境負荷を低減する。

近年では、建物の室内環境の品質についての重要性が着目されている。後述のCASBEEは「建築物の環境負荷（L）」に加えて「建築物の環境品質（Q）」が評価されるシステムとして、また、WELLは建築物の居住者や利用者の健康性に着目した評価システムとして確立されたものである。図2は、居住者が暴露される環境品質に配慮することを意図した環境建築の計画例である。環境負荷の低減と環境品質の向上が同時に計画されることにより、総合的に環境性能の高い建築が実現できる。

CASBEE
⇨47ページ

WELL認証
⇨63ページ

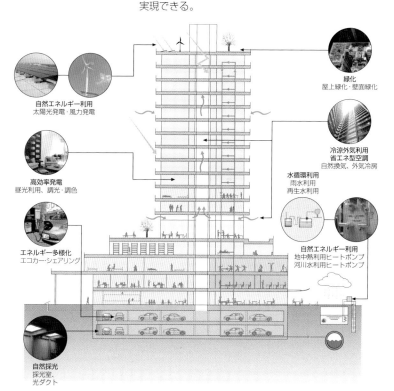

自然エネルギー利用
太陽光発電・風力発電

緑化
屋上緑化・壁面緑化

高効率発電
昼光利用、調光・調色

冷涼外気利用
省エネ型空調
自然換気、外気冷房

水循環利用
雨水利用
再生水利用

エネルギー多様化
エコカー・シェアリング

自然エネルギー利用
地中熱利用ヒートポンプ
河川水利用ヒートポンプ

自然採光
採光室、
光ダクト

図1　環境建築の計画例

2

ヒューマンファクター建築と社会的背景

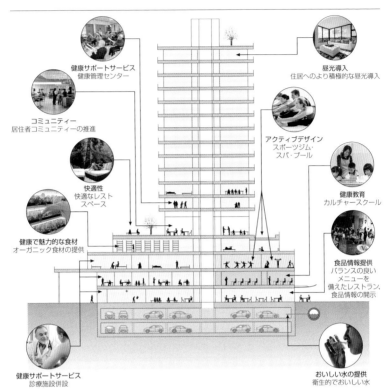

健康サポートサービス
健康管理センター

コミュニティー
居住者コミュニティーの推進

快適性
快適なレスト
スペース

健康で魅力的な食材
オーガニック食材の提供

健康サポートサービス
診療施設併設

昼光導入
住居へのより積極的な昼光導入

アクティブデザイン
スポーツジム・
スパ・プール

健康教育
カルチャースクール

食品情報提供
バランスの良い
メニューを
備えたレストラン、
食品情報の開示

おいしい水の提供
衛生的でおいしい水

図2　環境品質に配慮した計画例

46

1-3 建築物の環境性能評価CASBEE・LEED

1) CASBEE[1]

　CASBEEは "Comprehensive Assessment System for Built Environment Efficiency" の頭文字をとったもので、建築環境総合性能評価システムという名称である。2001年に国土交通省の支援のもと産官学共同プロジェクトとして、（財）建築環境・省エネルギー機構内に設立された建築物の総合的環境評価研究委員会により開発されたものである（評価ツールの一部は、今なお開発を進めている）。

　1990年代以降に地球環境問題が顕在化し、多くの研究実績に基づく評価手法としてBREEAM(イギリス)、LEED(アメリカ)やGB Tool(カナダ)などが開発・提案された。これらの建築物の環境性能評価手法は、近年先進国を中心に急速に普及し、世界各国で格付けの手法として利用されている。

　一方、日本においても、省エネなどに限定された従来の環境性能よりも広い意味での環境性能を評価することが必要になってきたため、新たに持続可能性(サスティナビリティ)などの観点を含め、より明解なシステムに再構築することが必要という認識に立って開発されたのがCASBEEである。

　CASBEEの特徴は、下記の通りである。

① 建築物のライフサイクルを通じた評価ができること
② 「建築物の環境品質(Q)」と「建築物の環境負荷(L)」の両側面から評価すること
③ 「環境効率」の考え方を用いて新たに開発された評価指標「BEE(建築物の環境性能効率、Built Environment Efficiency)」で評価すること

　BEE（建築物の環境性能効率）は、以下の計算式により求められる。環境負荷が小さく、品質や性能が優れているほど高い評価となる。

　BEE＝Q(Quality)/L(Load)

　Q（環境性能の総合評価指数）は、ユーザーの生活アメニティ向上を評価する。室内環境、サービス性能、

サスティナビリティ[sustainability]　持続可能性。施設や商品が、非枯渇エネルギー源を使用したり、物質の循環利用によって、持続的に運用可能な度合いを示す。

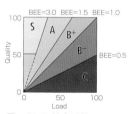

図1　BEEに基づく環境ラベリング[1]

室外環境(敷地内)を対象とする

L(環境負荷の総合評価値)は、外部(公的環境)に与える負の側面を評価する。エネルギー、資源・マテリアル、敷地外環境を対象とする

評価の結果としては、「Sランク」「Aランク」「B+ランク」「B-ランク」「Cランク」の5段階の評価が与えられるのも大きな特徴である(図1参照)。

CASBEEは、評価する対象の大きさに応じて建築系(住宅、一般)、都市・街区系(街区、都市)の評価ツールであり、これらを総称して「CASBEEファミリー」と呼んでいる(表1)。これらの使用用途とCASBEEの関係は表2による。参考としてCASBEE-建築(新築)における評価項目を表3,4に示す。

CASBEE評価員　CASBEE評価を行うのは、「CASBEE評価員」として(財)建築環境・省エネルギー機構に登録された者であり、資格取得にあたっては一級建築士であることが求められる。

表1　CASBEEファミリー[1]

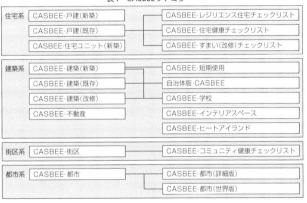

表2　使用用途とCASBEEの関係[1]

用途	名称	概要
戸建住宅評価	CASBEE-戸建(新築) CASBEE-戸建(既存)	戸建住宅におけるCASBEE評価
集合住宅の住戸別部分評価	CASBEE-住宅ユニット(新築)	集合住宅の住戸部分のCASBEE評価
短期使用建築物	CASBEE-短期使用	現在は全用途に対応
個別地域適用	-	CASBEE-建築(新築)を地域性に合わせて変更
ヒートアイランド現象緩和対策評価	CASBEE-ヒートアイランド	CASBEEにおけるヒートアイランド評価の詳細版
不動産市場における活用	CASBEE-不動産	既存建築物を対象とした、不動産市場におけるCASBEE評価の活用
建築群(地区スケール)の評価	CASBEE-街区	地区スケールにおける主として外部空間のCASBEE評価
都市スケールの評価	CASBEE-都市 CASBEE-都市(世界版)	行政が自らの環境対策とその効果を市区町村の行政単位で評価
一般向けチェックリスト	CASBEE-健康チェックリスト CASBEE-すまい改修チェックリスト CASBEE-レジリエンス住宅チェックリスト	住宅・建築物の環境配慮を促進するための一般向け簡易評価ツール

CASBEEによる環境評価を義務づけている自治体がある。一例であるが、札幌市、さいたま市、埼玉県、千葉市、柏市、横浜市、川崎市、神奈川県、名古屋市、愛知県、京都市、京都府、大阪市、大阪府などがある。

各自治体ごとに建築物環境配慮制度等の届出制度が設けられており、その手続きを行ううえで必要となる。

また、届出が必要となる対象の建築物は、おもに2,000m²以上の新築、増改築建築物であるが、自治体によっては5,000m²以上の場合（例：福岡市など）もある。さらに届出の期限についても、工事着工21日前の自治体と建築確認申請の21日前の自治体がある。実際に当該の自治体を調べたうえで対応するのが望ましい。

評価の基準に関しては、CASBEEでは法で定められた基準などを参考に評価基準を定めているが、自治体での運用にあたっては、自治体で定める条例などの基準を参考にして評価基準を定めることも可能である。

建築物環境配慮制度 一部の地方自治体では、建築主が計画する建築物（一定規模以上）について環境計画書の提出が義務づけられており、その際にCASBEEによる評価書の添付が必要となる。自治体で利用されるCASBEEの一部には地域特性を踏まえた修正が施されているため、より地域の特色を反映した環境評価が可能である。

表3 CASBEE・建築(新築)の評価項目(Q：建築物の環境)[1]

Q1.室内環境	1.音環境	1.1 室内騒音レベル
		1.2 遮音
		1.3 吸音
	2.温熱環境	2.1 室温制御
		2.2 湿度制御
		2.3 空調方式
	3.光・視環境	3.1 昼光利用
		3.2 グレア対策
		3.3 照度
		3.4 照明制御
	4.空気質環境	4.1 発生源対策
		4.2 換気
		4.3 運用管理
Q2.サービス性能	1.機能性	1.1 機能性・使いやすさ
		1.2 心理性・快適性
		1.3 維持管理
	2.耐用性・信頼性	2.1 耐震・免震・制震・制振
		2.2 部品・部材の耐用年数
		2.4 信頼性
	3.対応性・更新性	3.1 空間のゆとり
		3.2 荷重のゆとり
		3.3 設備の更新性
Q3.室外環境(敷地内)	1.生物環境の保全と創出	―
	2.まちなみ・景観への配慮	―
	3.地域性・アメニティへの配慮	3.1 地域性への配慮、快適性の向上
		3.2 敷地内温熱環境の向上

表4　CASBEE・建築(新築)の評価項目(LR：建築物の環境負荷低減性に含まれる評価項目一覧)[1]

LR1.エネルギー	1.建物外皮の熱負荷制御	ー
	2.自然エネルギー利用	ー
	3.設備システムの高効率化	ー
	4.効率的運用	4.1モニタリング
		4.2運用管理体制
LR2.資源・マテリアル	1.水資源保護	1.1節水
		1.2雨水利用・雑排水等の利用
	2.非再生性資源の使用量削減	2.1材料使用量の削減
		2.2既存建築躯体等の継続使用
		2.3躯体材料におけるリサイクル材の使用
		2.4躯体材料以外におけるリサイクル材の使用
		2.5持続可能な森林から産出された木材
		2.6部材の再利用可能性向上への取組み
	3.汚染物質含有材料の使用回避	3.1有毒物質を含まない材料の使用
		3.2フロン・ハロンの回避
LR3.敷地外環境	1.地球温暖化への配慮	ー
	2.地域環境への配慮	2.1大気汚染防止
		2.2温熱環境悪化の改善
		2.3地域インフラへの負荷制御
	3.周辺環境への配慮	3.1騒音・振動・悪臭の防止
		3.2風害・砂塵・日照阻害の制御
		3.3光害の抑制

2) LEED[2]

LEEDは"Leadership in Energy & Environmental Design"の頭文字を取り、LEED(リード)という名称で呼ばれているもので、非営利団体USGBC(US Green Building Council)が開発および普及活動を行い、GBCI(Green Business Certification Inc.)が第三者認証と認定資格の運用業務を行っている建物の環境性能評価システムである。

LEEDはアメリカで開発された建物環境性能評価制度の一つで、各国で開発されたものの中で、アメリカを中心に世界中に普及し、現在では一番使われている評価ツールである(2019年5月現在、認証数78,489件、日本国内認証数133件)。

1998年にパイロット版が開発され、以降3年に一度のペースでバージョンアップが行われている。現在はv4(バージョン4)に至っており、バージョンの更新ごとに基準が厳しくなっている。そのためv3からv4への移行時は、厳しい基準に市場が対応しきれないことを踏まえて移行時期を延ばした経緯もある。

LEEDの認証にはさまざまなプロジェクトへの対

建築物環境性能評価制度 海外の環境性能評価制度には、左記のLEED以外にBREAM(イギリス)やHQE(フランス)などがあり、こちらも1990年代に開発されている。

応ができるように大きく5つのカテゴリーに分けられている。カテゴリーは、『建築設計および建設：Build Design and Construction(BD+C)』、『インテリア設計および建設：Interior Design +Construction(ID+C)』、『既存ビルの運用とメンテナンス：Building Operations+Maintenance (O+M)』、『近隣開発：Neighborhood Development(ND)』、『住宅：Homes』の5つである。

上記5つのカテゴリー内に、建物の用途等に合わせた認証システムが用意されている。それは用途などが違う場合、同一の評価システムで評価することが難しいためである。一例であるが、『建築設計および建設』での評価には次の建物タイプが用意されている。『新築または大規模改修』、『テナントビル』、『学校』、『商業施設』、『ホテル・宿泊施設』、『データセンター』、『倉庫・物流センター』、『病院(ヘルスケア)』の8つである。これ以外の4つのカテゴリーにも前述と同様にいくつかの建物タイプが用意されている。

表1 5つのカテゴリーとカテゴリーに含まれる建物タイプ[2]

BD+C：建築設計および建設 …新築あるいは大規模な改築を行う建築物に適用	
新築または大規模改修	データセンター
テナントビルのオーナー工事	倉庫と流通センター
学校	宿泊施設
小売り	ヘルスケア

ID+C：インテリア設計および建設 …インテリア工事のプロジェクトに適用	
コマーシャルインテリア	宿泊施設
小売り	

O+M：既存ビルの運用とメンテナンス …大きな改修工事をともなわず、運用やメンテナンス向上のために	
既存ビル	宿泊施設
小売り	データセンター
学校	倉庫と流通センター

ND：近隣開発 …新規の土地開発および再開発に適用	
予備認証	最終認証

Homes：ホーム	
戸建住宅・低層共有住宅	中層共有住宅(v4から)

各カテゴリーと建物タイプの一覧は表1を参照のこと。

認証を得るために、建物に合ったカテゴリーを選択すると、それぞれの認証カテゴリーごとにクレジットと呼ばれる評価項目が決定する。クレジットごとに評価基準と基準を満たしたときに得られるポイントが決められており、最終的にはポイントの合計数で認証の合否および認証レベルが決定される。クレジットの中にはポイントは配点されていないが、必ず満たしていなければならない必須条件がある。建設活動における汚染防止や水使用量の削減、エネルギー使用量の削減と最適化、屋内の空気質の管理や禁煙などが含まれている。

なおクレジットは次のカテゴリー、『総合的プロセス』、『立地と交通』、『材料と資源』、『水の利用』、『エネルギーと大気』、『敷地選定』、『室内環境』、『革新性』、『地域別重み付け』、『立地選択と敷地利用』、『近隣のパターンとデザイン』、『グリーンな近隣インフラと建物』から構成されている。

LEEDの認証には4つのレベルがあり、各カテゴリーごとのポイントの合計点数により、不合格、標準認証、シルバー、ゴールド、プラチナに分けられている（認証レベルとポイントの関係は表2に示す）。

表2 認証レベルとポイント

認証レベル	ポイント
標準認証：CERTIFIED	40～49
シルバー：SILVER	50～59
ゴールド：GOLD	60～79
プラチナ：PLATINUM	80～

各評価項目において必須条件を満たしたうえで、選択項目によってポイントを加算し評価を行う（一例としてLEED-Building Designの評価項目とポイント一覧リストを表4に示す）。

LEED認証を取得する際に必要な審査費用は、申請登録費用と審査費用が必要になり、審査費用は認証を受ける建物の延べ床面積により変動する。これに加えコンサルタント費用も必要となる。

LEED認証を受けることのメリットは、環境建築

としての国際的な格付けが可能なことやテナント誘致の有利性、建物証券化時の価値向上、賃貸料の向上などがあげられる。海外の過去に行った研究事例であるが、ＬＥＥＤ取得により、賃貸料の向上や売却価格の向上、入居率の上昇の効果があったとの報告もある（表3）。

表3　Summary of US Green Office Value Studies[2]

研究事例	資料の上昇	売却価格の上昇	入居率の上昇
Fuerst & McAllister (2011)[12]	Energy Star 4%	Energy Star 26%	Energy Star 1-3%
	Leed 5%[21]	Leed 25%	Leed : No Premium
Eichholtz et al(AER)[14]	Energy Star 3.3%	Energy Star 19%	Bundled as "effective rent" : 7% Premium overall
	Leed 5.2%[15]	Leed 11%[15]	15%
Eichholtz et al(RICS)[16]	Energy Star 2.1%	Energy Star 13%	Bundled as "effective rent" : 6-7% Premium overall
	Leed 5.8%	Leed 11%	
Pivo & Fisher[17]	2.70%	8.50%	Not Addressed
Wiley et al(2010)[18]	Energy Star 7-9%	Not Addressed	Energy Star 10-11%
	Leed 15-17%	Leed 16-18%	
Miller et al.(2008)[19]	9%	Mome	2-4%

出典 : Green Biz group「Green Buildings Market Impact Report 2011」

表4 LEED v4 BD+C・NC（建築設計と建設−新築）の各カテゴリー別評価項目／ポイント[1]

Integrative Process	統合プロセス	1
Location and Transportation	立地と交通	16
	LEED-ND〈認証エリア〉内の立地	16
	〈環境面で〉センシティブな土地の保護	1
	優先度の高い土地	2
	周辺密度と利用の多様性	5
	十分な〈公共〉交通機関へのアクセス	5
	自転車用施設	1
	駐車場面積の削減	1
	環境配慮型自動車〈エコカー〉	1
Sustainable Sites	持続可能な敷地	10
	建設活動での汚染防止	R
	敷地評価	1
	敷地開発−生物生息地の保護または復元	2
	オープンスペース	1
	雨水管理	3
	ヒートアイランド現象の低減	2
	光害の低減	1
Water Efficiency	水の効率的利用	11
	屋外の水使用削減	R
	屋内の水使用削減	R
	建物レベルの水量測定	R
	屋外の水使用削減	2
	屋内の水使用削減	6
	クーリングタワーの水使用	2
	水量測定	1
Energy and Atmosphere	エネルギーと大気	33
	基本コミッショニングと検証	R
	最低限求められるエネルギー性能	R
	建物レベルのエネルギー計測	R
	基本的な冷媒管理	R
	拡張コミッショニング	6
	エネルギー性能の最適化	18
	高度なエネルギー計測	1
	デマンドレスポンス	2
	再生可能エネルギーの創出	3
	冷媒管理の強化	1
	グリーン電力とカーボンオフセット	2
Materials and Resources	材料と資源	13
	リサイクル可能資源の収集と保管	R
	建設および解体廃棄物の管理計画	R
	建物のライフサイクル環境負荷低減	5
	建材の情報提示と最適化−製品の環境情報の明示	2
	建材の情報提示と最適化−原料の採取	2
	建材の情報開示と最適化−材料の成分	2
	建設および解体廃棄物の管理	2
Indoor Environmental Quality	室内環境品質	16
	最低限求められる室内空気質性能	R
	環境中のタバコ煙の管理	R
	室内空気質計画の強化	2
	低放散材料	3
	建設時の室内空気質管理計画	1
	室内空気質アセスメント	2
	温熱快適性	1
	室内照明	2
	昼光利用	3
	質の高い眺望	1
	音響性能	1
Innovation	革新性	6
	革新性	5
	LEED AP〈の参加〉	1
Regional Priority	地域での重要項目	4
	地域での重要項目：特定のクレジット	4

＊R：必須事項，数字：クレジット最大ポイント

1-4 経済産業省とNEDOの動向

1) 経済産業省「エネルギー戦略2011および2016」

　経済産業省資源エネルギー庁とNEDO(独立行政法人新エネルギー・産業技術総合開発機構)は、2011年3月に省エネに大きく貢献する重要分野を特定した「省エネルギー技術戦略 2011」[1]を公表した。この中で、家庭・業務部門の重要技術として、省エネ技術を利用する人間サイドから、「個人により異なる快適性や嗜好性を尊重しつつ、これらを巧みに活用・応用することにより省エネの可能性を追求する『快適・省エネヒューマンファクター』」が、新たな切り口により大きな効果が期待される技術分野として位置づけられた。

　2016年9月に改訂された「省エネルギー技術戦略2016」[2]においても、引き続き「快適・省エネヒューマンファクター」は重要技術として取り上げられている。

2) NEDO技術開発事業採択テーマおよび研究開発動向

　NEDO技術開発事業として実施されたヒューマンファクターに関連する技術の一部を紹介する[3]。

①「省エネルギーで快適な空調制御手法の研究開発(2011-2012)」

　夏季の冷房時において、室内の絶対湿度を一定に保ちながら室内温度を上下変化させる空調運転方法として、「アクティブスウィング」と呼ぶシステムを開発している[3](図1)。

　「スウィング平均温度を通常の温度一定制御より高く設定することにより、快適性や知的生産性を損なうことなく、省エネルギーを実現すること」を意図している。室内温度が下降する際に温冷感がオーバーシュートし、実際の温度よりも涼しく感じること、また、絶対湿度を一定にすると、室内温度が上昇する際に相対湿度が下降し、汗の蒸発が促されること等を利用している。

オーバーシュート[overshoot]

絶対湿度[absolute humidity]
ある状態の空気中に含まれる、乾き空気重量に対する重量比。

相対湿度[relative humidity]
ある状態の空気中の水蒸気分圧と、同じ温度の飽和空気の水蒸気分圧の比を百分率で表したもの。一般にいう湿度のこと。

実際のオフィスビルにおいて、実証試験を行った結果、「アクティブスウィング（26.5℃±0.5℃、スウィング周期90分）は温湿度一定制御（26℃/50%RH）と比較して、温熱快適性および知的生産性はほぼ同等で、空調用消費電力が約7.5%低減」を確認している。

②「高機能省エネ型知的照明システムの研究開発
　（2011-2013）」

　提案されている高機能省エネ型知的照明システムは、「オフィス全体に均一な照度を提供する従来の照明システムとは異なり、各照明が人工知能をもち、机上に設置した照度センサを用いて、各執務者が望む照度と色温度（光色）を提供する照明システム」となっている[3]（図2）。

　都内のテナントビルの2フロアに知的照明システムを設置し、入居者の協力を得て実証実験を実施している。結果として、知的照明システムの操作性と執務快適性に関してアンケート調査により、知的照明システムのほうが良いと回答した執務者が4カ月後で51%で、一般照明のほうが良いと回答した執務者は1～2%なっている。

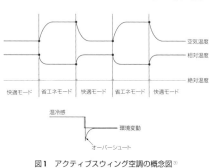

空気温度
相対湿度
絶対湿度

快適モード　省エネモード　快適モード　省エネモード　快適モード

温冷感
環境変動
オーバーシュート

図1　アクティブスウィング空調の概念図[3]

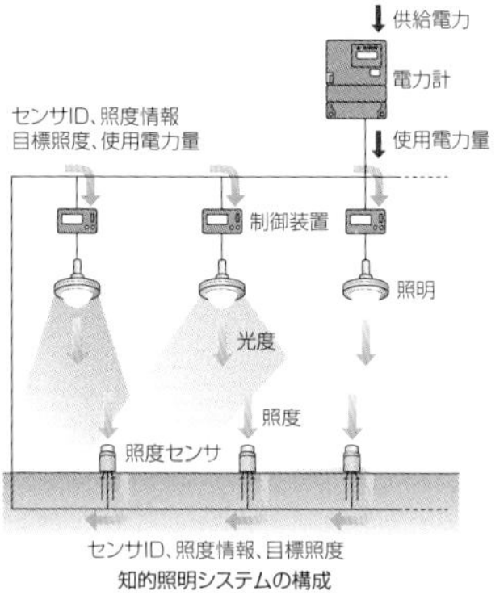

供給電力
電力計
使用電力量

センサID、照度情報
目標照度、使用電力量

制御装置

照明

光度

照度

照度センサ

センサID、照度情報、目標照度

知的照明システムの構成

◆各照明に搭載された分散最適化アルゴリズムと、人工知能ソフトウェアにより、独立して光度を最適化

◆各照明は人間に感知できない範囲でランダムに光度を増減しながら、各照度センサの目標照度を満たす最小電力の光度を探索。

図2　自立的光度制御の考え方[3]

2 居住者の健康性への関心・働き方改革へのシフト

2-1 健康経営オフィス

図1 「健康経営オフィスレポート　従業員がイキイキと働けるオフィス環境の普及に向けて」[1]

QOL[quality of life]

　オフィスの従業員の健康問題は、事業継続のリスクや健康保険組合の保険料率の引き上げにつながるとともに、従業員の知的生産性にも大きく影響することが指摘されている。そこで「健康経営」という考え方が注目されており、ここでは経済産業省がまとめた「健康経営オフィスレポート　従業員がイキイキと働けるオフィス環境の普及に向けて」[1]を紹介する。

　「健康経営」とは、従業員の健康保持・増進の取組みが、将来的に収益性等を高める投資であるという考えの下、従業員の健康管理を経営的な視点から考えて、戦略的に取り組むことである。企業が従業員の健康づくりを経営的な視点でとらえ、戦略的に取り組むことは、従業員や組織の活性化をもたらし、結果的に企業の業績向上や株価向上につながることが期待される。また、国民のQOL（生活の質）の向上や国民医療費の適正化など、社会課題の解決にも貢献することができるとされている。

　健康経営を保持・増進する行動を誘発することで、働く人の心身の調和と活力の向上を図り、一人ひとりがパフォーマンスを最大限に発揮できる場である健康経営オフィスにおいて、健康を保持・増進するための7つの行動が定義されている。図2に健康を保持・増進する7つの行動を示す。

　健康オフィスにおいて健康を保持・増進する7つの行動と、期待される健康増進効果、具体的な内容を以下に示す。

A.快適性を感じる
〈期待される健康増進効果〉
　運動器・感覚器障害の予防・改善。メンタルヘルス不調の予防。心身症（ストレス性内科疾患）の予防・改善。

〈具体的な内容〉

姿勢を正す。触感を快適と感じる。空気質を快適と感じる。光を快適と感じる。音を快適と感じる。香りを快適と感じる。パーソナルスペースを快適と感じる。

B.コミュニケーションする

〈期待される健康増進効果〉

メンタルヘルス不調の予防。心身症(ストレス性内科疾患)の予防・改善。

〈具体的な内容〉

気軽に話す。挨拶する。笑う。感謝する。感謝される。知る(同僚の業務内容、会社の目標など)。共同で作業をする。

C.休憩・気分転換する

〈期待される健康増進効果〉

運動器・感覚器障害の予防・改善。メンタルヘルス不調の予防。心身症(ストレス性内科疾患)の予防・改善。

〈具体的な内容〉

飲食する。雑談する。新聞を読む。インターネットをみる。音楽を聴く。整理整頓をする。遊ぶ。仮眠する、安静にする。昼休みをしっかりとる。ひとりになる。マッサージを受ける。

図2　健康を保持・推進する7つの行動[1]

D. 体を動かす

〈期待される健康増進効果〉

　運動器・感覚器障害の予防・改善。生活習慣病の予防・改善。

〈具体的な内容〉

　座位行動を減らす。歩く。階段を利用する。ストレッチや体操を行う。健康器具を利用する（バランスボール等）。

E. 適切な食行動をとる

〈期待される健康増進効果〉

　生活習慣病の予防・改善。

〈具体的な内容〉

　間食の取り方を工夫する。昼食の取り方を工夫する。

F. 清潔にする

〈期待される健康増進効果〉

　感染症・アレルギーの予防・改善

〈具体的な内容〉

　手洗い、うがいをする。身の回りを掃除する。分煙する。

G. 健康意識を高める

〈期待される健康増進効果〉

　運動器・感覚器障害の予防・改善。メンタルヘルス不調の予防。心身症（ストレス性内科疾患）の予防・改善。生活習慣病の予防・改善。感染症・アレルギーの予防・改善。

〈具体的な内容〉

　健康情報を閲覧する。自分の健康状態をチェックする。

　なお、健康増進効果として掲げられている項目に含まれる症状や指標としては、「運動器・感覚器障害」に頭痛、腰痛、肩こり、眼精疲労、「メンタルヘルス不調」にメンタルストレス、ワーク・エンゲイジメント（働きがい）、うつ病、「心身症」に動悸・息切れ、胃腸の不調、食欲不振、便秘・下痢（心身症のうち、ストレス性の内科疾患）、「生活習慣病」に肥満、糖尿病、

高血圧、高脂血症、脳卒中、心臓病、「感染症・アレルギー」に風邪、インフルエンザ、花粉症、その他アレルギーが含まれるとされている。

　また、所属企業200社以上で働く20,000名以上の執務者を対象とした調査によって、働き方が心身の健康状態や活力、仕事のパフォーマンスにどのように関係するかについてまとめた健康経営オフィスの効果モデル（図3）が提案されている。ここで、「プレゼンティーイズム」とは、健康問題による出勤時の生産性低下のことであり、「アブゼンティーイズム」とは、健康問題による欠勤のことである。加えて、「健康を保持・増進する7つの行動」に関する簡易チェックシートについても提案されている。

プレゼンティーイズム [presen-teeism]

アブゼンティーイズム [absen-teeism]

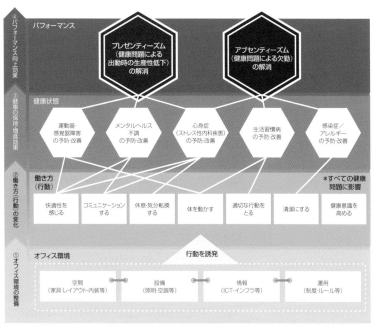

図3　健康経営オフィスの効果モデル[1]

2-2 知的生産性

　日本では、2030年までに温室効果ガス排出量を2013年比で26%削減を、2050年までに80%削減することを目標としている。しかしながら日本は、石油危機以降の取組みによって、国際的に見てもすでに省エネが進んでおり、これ以上の省エネは容易に進みそうにない。さらに、東日本大震災以降の化石燃料の輸入量増加が、エネルギーコストの上昇と温室効果ガスの増大を招いており、削減目標達成のためには相当な取組みが必要である。

　そのような状況下において、クールビズや照明の間引き運用などの省エネ対策が実施され、仕事の効率が悪くなり残業が増え、エネルギー消費が削減できないなど、執務者の快適性や作業効率に悪影響を与える可能性が指摘されるようになった。省エネルギーのために、蒸し暑く換気の悪い空間で執務することで、知的生産性を低下させるようでは本末転倒である。

知的生産性[workplace pro-ductivity]

　知的生産性(Workplace Productivity)とは、ある目標をもった組織が、個人の知的生産の量や質を高めてゆく物理的あるいは精神的な環境の構造や仕組みをいう。知的生産性を向上させるためには、人の心理や生理を把握し、健康かつ快適に知的生産が行える建築環境を形成することが重要である。そこで、執務空間の良否を図る評価指標として、快適性だけでなく知的生産性で評価する試みが始まっている。

　高い作業効率を発揮させるために均一な温熱環境形成を目指すような従来の方法論では、エネルギー消費の増大を招く可能性がある。省エネルギーを図りつつ知的生産性を損なわないために、執務者それぞれの好みや執務スタイルにあわせて、温熱環境をゾーンごとに時々刻々変動させる空調方式などは有効である。このような空調方式を評価するためには、環境性と知的生産性の双方で定量評価することが求められる。人の五感をとらえ、人と環境との関係性を知的生産性によって定量的に評価することが、ヒューマンファク

ターの方法論を確立してゆくために必要となる。

　知的生産性は、室内環境の改善によって作業効率が向上し得られた利益を、改善に費やしたコストで除することで示される。投資効果としての知的生産性を考える場合、改善に費やしたコストについては環境改善のための改修工事費、光熱水費、保守メンテナンス費を見積ればよい。一方、作業効率が向上することで得られた利益については、室内環境に起因して生じる呼吸器系疾患による医療費、離職率、欠勤率健康問題による欠勤（アブゼンティーイズム）や、健康問題による出勤時の作業性自体の低下（プレゼンティーイズム）を労働損失に置き換えて評価することが試みられている。

　作業性自体を評価するために、アンケートなどによる主観評価法やタスクを利用した客観評価法が一般的に用いられるが、アンケートなどによる主観評価法は執務者の主観的な判断に基づいているため、知的生産性を完全には定量評価できないことがある。また、タスクを利用した客観評価法は、単純な知的作業で構成されたタスクを執務者に実施させ、その処理量や精度などの成績によって知的生産性を評価、定量化する手法である。しかし、タスクに習熟するにつれてパフォーマンスが向上するため、環境改善の効果とタスクの習熟効果を定量的に切り分けて考えることが難しい。また、高次の知的作業を評価対象とする場合も定量化が難しい。

　作業効率の的確な評価方法と経済的価値としての評価方法の確立を求め、さまざまな取組みが続けられている。国土交通省はWELLNESS（健康）の普及を支援しており、建築環境・省エネルギー機構（IBEC）が「スマートウェルネスオフィス（SWO）研究委員会」においてさまざまな取組みを行っている。一方、経済産業省が健康経営に係る各種顕彰制度を推進するなど、産官学民の協働により分野横断的な研究が行われている。

主観評価法　「悪い」を0、「良い」を100とした線分尺度や、環境による生産性の増減を数値で申告させる方法がある。

タスクを利用した客観評価法　テキストタイピングや加算計算、コールセンターにおける電話応答件数等の単純作業生産性、クリエイティブシンキングと呼ばれる創造的生産性評価などがある。

スマートウェルネスオフィス
⇨66ページ

2-3 WELL認証

　地球温暖化、資源の枯渇化、ヒートアイランド現象、オゾン層破壊問題、室内空気質汚染、地震による大規模災害、大気汚染問題、騒音・振動・悪臭などの発生、伝統的まちなみの喪失、造成工事による環境破壊等々の建築を取り巻く環境問題が存在するなかで、一体どのような建築が環境に良いのかということを評価する仕組みが必要である。そのため1990年代後半以降、世界各国でさまざまな総合環境性能評価ツールが開発され、建築物の環境性能の向上に貢献してきている。

　建築物の環境性能を評価する認証制度としては、日本のCASBEE(建築環境総合性能評価システム)、イギリスの建築研究所(BRE)により開発されたBREEAM、アメリカのグリーンビルディング評議会(USGBC)によって開発されたLEED等が有名である。一方で、人は生涯の約9割を建築空間内で過ごすことや、オフィスの総運用コストの9割は人件費であること、良い空間は知的生産性の向上に値することなどが注目されてきており、健康・快適な空間を評価するための「ものさし」として、WELL Building Standard認証制度(WELL認証)が開発された[1]。

　WELL認証は、米国のDelos Living社の創始者Paul Scialla氏の提唱によって2008年頃から準備されてきた。建築、医学、経営学、その他のさまざまな分野の既往研究や専門家の知見を基にして、2014年10月20日にIWBI(International WELL Building Institute)からWELL v1(初版)が正式公開されている。世界で初めて人間の健康とウェルビーイング(Health & Wellbe-ing)に焦点を当てた空間・建築の評価システムである。

　WELL認証取得のメリットとしては、従業員やクライアントの環境改善、投資対効果(ROI, Return on Investment)の向上、業界リーダー性と企業認知度の向上(CC, Corporate Communications)、知的生産性の向上、従業員満足度(ES, Employee

CASBEE
⇨47ページ

BREEAM[Building Research Establishment Environmental Assessment Method]

LEED
⇨47ページ

Satisfaction)の向上と維持等が考えられる。具体的には、健康で快適な空間であることが世界的な標準で評価されること、人を優先する企業としてアピールできること、健康と快適性が担保されること、意識の高い顧客や外資系に対して先進性をアピールできることとされる。

WELL認証(v1)の標準的なシステムには、①New and Existing Buildings(新築および既存建物)、②New and Existing Interiors(新築および既存のインテリア)、③Core & Shell(コア&シェル)の3種がある。

WELL認証のレベルには、プラチナ、ゴールド、シルバーの3レベルがある。図1にWELL認証評価(v1)の7つのカテゴリーを示す。WELL認証の評価は、①空気(Air)、②水(Water)、③食物(Nourishment)、④光(Light)、⑤フィットネス(Fitness)、⑥快適性(Comfort)、⑦こころ(Mind)の7つのカテゴリーに分類される。この7つのカテゴリーは、さらに102の評価項目で構成されており、すべての評価項目は、複数のパートに分かれており、パートは建物用途に合わせて調整されている。WELL認証の評価項目の中には必須項目と加点項目とがある。必須項目は建築環境におけるウェルネスの基礎と位置づけられている。加点項目は、シルバーレベル認証の獲得には必要ないが、多様な加点項目を達成することでゴールドレベルやプラチナレベルの認証を得ることが可能となる。現在では、2018年5月末にリリースされたWELL v2パイロット版が活用されている。v2では、コンセプトも7から10に拡大された。

WELL v2のコンセプト
①空気、②水、③食物、④光、
⑤運動、⑥温熱快適性、⑦音、
⑧材料、⑨こころ、⑩コミュニティ

図1 WELL認証評価(v1)のコンセプト[1]

表1　新築および既存の建物に適用される必須項目と加点項目（WELL v1）[1]

空気		必須	光		必須
01	空気質基準	○	53	ビジュアル照明デザイン	○
02	禁煙	○	54	サーカディアン照明デザイン	○
03	効率的な換気	○	55	人工光のグレア制御	○
04	VOC低減	○	56	太陽光グレア制御	○
05	空気ろ過	○	57	低グレアワークステーション設計	
06	微生物とカビ制御	○	58	色の品質	
07	建設段階の汚染管理	○	59	表面デザイン	
08	健康に配慮した入口	○	60	自動遮光と減光制御	
09	清掃手順	○	61	昼光を受ける権利	
10	農薬殺虫剤管理	○	62	昼光モデリング	
11	基本的な製品の安全性	○	63	採光窓	
12	湿気の管理	○	**フィットネス**		
13	エアーフラッシュ		64	屋内のフィットネスとしての動線	○
14	気密性管理		65	活動へのインセンティブプログラム	○
15	換気量の増加		66	体系的なトレーニングの機会	
16	湿度制御		67	外部空間の活動的なデザイン	
17	発生源の直接的換気		68	運動スペース	
18	空気質のモニタリングとフィードバック		69	アクティブ通勤への支援	
19	開閉可能な窓		70	フィットネス器具	
20	外気システム		71	アクティブな家具什器	
21	置換換気		**快適性**		
22	害虫防除		72	ADAアクセシブルデザイン規格	○
23	高度な空気浄化		73	エルゴノミクス：視覚的、および身体的事項	○
24	燃焼の最小化		74	外部騒音の侵入	○
25	有害物質の低減		75	内部発生騒音	
26	強化された材料安全性		76	温熱快適性	○
27	表面の抗菌		77	嗅覚の快適性	
28	清掃しやすい環境		78	残響時間	
29	清掃用具		79	サウンドマスキング	
水			80	吸音面	
30	基本的な水質	○	81	遮音	
31	無機汚染物質	○	82	個別温度制御	
32	有機汚染物質	○	83	輻射による温熱快適性	
33	農業汚染物質	○	**こころ**		
34	上水添加物	○	84	健康とウェルネス意識	○
35	定期的な水質検査		85	インテグレイティブデザイン	○
36	水処理		86	入居後調査	○
37	飲料水摂取の促進		87	美しさとデザインⅠ	○
食物			88	バイオフィリアⅠ－質について	○
38	果物と野菜	○	89	適応性に優れた空間	
39	加工食品	○	90	健康的な睡眠のポリシー	
40	食物アレルギー	○	91	出張	
41	手洗い	○	92	建物における健康のポリシー	
42	食品の汚染	○	93	職場における家族サポート	
43	人工的原材料	○	94	自己モニタリング	
44	栄養成分表示	○	95	ストレスと依存性への対応	
45	食品広告		96	利他的行為	
46	安全な調理器具		97	材料の透明性	
47	一人前の分量		98	組織の透明性	
48	特別食		99	美しさとデザインⅡ	
49	責任ある食品生産		100	バイオフィリアⅡ－量について	
50	食品の保管		**イノベーション**		
51	食品生産		101	イノベーション項目Ⅰ	
52	心豊かな食事		102	イノベーション項目Ⅱ	

2

ヒューマンファクター建築と社会的背景

1) 多様な働き方に配慮したオフィスの普及に向けて

　労働人口の減少が急速に進行するわが国が持続的な経済成長を遂げるためには、執務者の健康増進を図りながら勤労意欲を高め、知的生産性を向上させるスマートウェルネスオフィスの普及が求められる。健康性・快適性・知的生産性を向上させる手法としては個人の多様性を受け入れるオフィス計画が注目されており、空間内にバリエーションや可変性（Co-workスペース、集中思考室、リフレッシュスペース等）をもたせ、執務者が仕事の状況に合わせて場所を選択できるABW（Activity Based Working）等のスタイルが浸透しつつある。

　従来のオフィス空間などの設計思想は、「誰がどのように働くかはわからない」といった個人の多様性を否定的にとらえ、なるべく均質で平均的な空間構成を目指してきた。それに反して、ヒューマンファクターに着目した、個人の多様性に配慮された空間は、コミュニケーションの増加によるイノベーションが期待され、さらに執務者一人ひとりが最もパフォーマンスを発揮できる環境を選択できることから、知的生産性の向上が期待される。

　こうした背景から、わが国におけるスマートウェルネスオフィスの普及促進に向けた環境性能評価手法としてCASBEE－ウェルネスオフィス（2019）（以下、CASBEE-WO）およびCASBEE－オフィス健康チェックリスト（2019）（以下、CASBEE-OHC）が2019年3月29日に公開された。従来の建築物の環境性能評価手法では、オフィスは固定席であることが前提であるが、CASBEE－ウェルネスオフィスでは、仕事内容に応じて場所を選択できるという多様性に配慮された計画における健康性・快適性・知的生産性が評価可能である。

2) CASBEE－ウェルネスオフィス（2019）

　CABEE-WOは、おもにオフィスワーカーが健康

スマートウェルネスオフィス
（一社）日本サステナブル建築協会の「スマートウェルネスオフィス研究委員会（村上周三委員長）」では、図1の階層構造を示し、レジリエンス、エネルギー・資源、健康・快適、知識創造（知的生産性）を備えたオフィスをスマートウェルネスオフィスとしている[1]。

知識創造
健康・快適
エネルギー資源
レジリエンス

図1　スマートウェルネスオフィスのコンセプト[2]

で生産的に働くための環境性能を評価するツールであり、ハード・ソフト面での取組みを"客観的"に評価するものである。

　CASBEE-WOは従来のCASBEE（建築）のうち、人の健康促進や知的生産性向上の視点に該当する「環境品質」を拡張する形で評価している（図2）。表1にCASBEE-WOの評価項目を示す。全60項目から評価する形式であり、基本性能の大項目となる「健康性・快適性」、「利便性向上」、「安全性確保」、運営管理等の大項目となる「運営管理」、「プログラム」から構成される。各評価項目の詳細と採点基準については、日本サステナブル建築協会のホームページ[1]を参照されたいが、すべての評価項目は5段階（レベル1～レベル5）で採点される。5段階のうち、建築基準法等、最低限の必須条件を満たしている場合はレベル1、一般的な水準と判断される場合はレベル3と評価する。例えば、表2に示す空調方式・個別制御性の項目では、「居住域の上下温度差や気流速度について特に配慮していない空調方式が計画されている、もしくはグループ単位での個別制御性が確保されていない」場合はレベル1、「一般的な空調方式であるが、均質な温度環境となるよう配慮した空調方式としている」場合はレベル3、放射暖冷房方式など「均質な温度環境となるよう配慮した空調方式を採用している。もしくは、レベル3を満たした上で個人単位での個別制御性が確保されている」場合はレベル5となる。

評価結果表示方法
(1)総合評価
　★表示（5段階）、点数表示（100点満点）、ランク表示（S、A、B＋、B－、C）の3つが表示される。
(2)性能評価
　健康性・快適性、利便性向上、安全性確保に関する3項目を平均した評価点が表示される。
(3)項目別評価
　大項目区分である、基本性能と運営管理等について、その区分別の平均レベルがレーダーチャートで表示される。また、大項目区分を構成する、健康性・快適性、利便性向上、安全性確保、運営管理、プログラムの採点結果についてもバーチャートで表示される。参考として知的生産性の視点に基づく評価も表示される。

バイオフィリア[Biophilia]
生物学者Edward Osborne Wilsonが提唱した「人間は本能的に自然との関わりを求める」という学説。人間が潜在的に求めている自然をオフィスに取り入れることで、執務者のストレスを抑えるバイオフィリックデザインが注目されている。

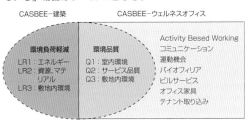

図2　CASBEE－ウェルネスオフィスの評価範囲[2]

表1　CASBEE－ウェルネスオフィス(2019)の評価項目（文献2)より作成）

大項目		評価要素	評価要素の内容	評価項目
基本性能	健康性・快適性	空間・内装	執務者の健康性・快適性を考慮した空間・内装が確保されていること	レイアウトの柔軟性、内装計画、什器の機能性・選択性、広さ、等
		音環境	執務者の健康性・快適性を考慮した音環境が確保されていること	室内騒音レベル、吸音、サイレントスペースの設置、等
		光・視環境	執務者の健康性・快適性を考慮した光環境が確保されていること	自然光、グレア対策、照度、パーソナル照明、等
		熱・空気環境	執務者の健康性・快適性を考慮した空気・空調が確保されていること	空調方式および個別制御性、室温制御、湿度制御、換気性能、等
		リフレッシュ	執務者のリフレッシュを可能とするための一定の措置が講じられていること	屋内・屋外、緑化、眺望、トイレの充実性・機能性、食事のための空間、等
	利便性向上	運動	執務者の運動を促進する一定の措置が講じられていること	ロッカー、シャワー、スポーツ施設、利用しやすい階段、等
		移動空間・コミュニケーション	執務者にとって利便性の高い移動空間の形式や、執務者同士のコミュニケーションを促進するための一定の措置が講じられていること	動線における出会いの場の創出、EV利用の快適性、バリアフリー化への対応、打合せスペース、等
		情報通信	高度な情報通信を可能とするための一定の措置が講じられていること	高度情報通信インフラ、OAフロア、コンセント容量、等
	安全性確保	災害対応	災害や緊急時に備えるための一定の措置が講じられていること	耐震性能、非常用電源電源、等
		有害物質対策	有害物質のための一定の措置が講じられていること	VOC対策、アスベスト対策、土壌汚染対応、等
		水質安全性	給湯、給水の水質の安全性を確保するための一定の措置が講じられていること	給水設備、ウォーターサーバーの設置、等
		セキュリティ	建物のセキュリティ確保のための一定の措置が講じられていること	入退室管理システム、等
運営管理等	運営管理	維持管理計画	維持管理計画・体制の整備について、一定の措置が講じられていること	中長期保全計画、定期調査、等
		満足度調査	執務者の満足度を確認するための一定の措置が講じられていること	満足度調査の定期的な実施、改善策への活用、等
		災害時対応	災害時に対応する運営管理について一定の措置が講じられていること	BCP、消防訓練、AED、等
	プログラム		執務者の健康性・快適性を考慮したプログラムの整備に向け、一定の措置が講じられていること	メンタルヘルス対策、健康を増進するクラブ活動、交流を円滑化する機能

表2　CASBEE－ウェルネスオフィス(2019)の評価項目の一例(空調方式、個別制御性の項目)2)

レベル	採点基準
レベル1	居住域の上下温度差や気流速度について特に配慮していない空調方式が計画されている。もしくはグループ単位での個別制御性が確保されていない。
レベル2	(レベル1、3の中間的取組み)
レベル3	一般的な空調方式であるが、均質な温度環境となるよう配慮した空調方式としている。
レベル4	(レベル3、5の中間的取組み)
レベル5	均質な温度環境となるよう配慮した空調方式*1を採用している。もしくは、レベル3を満たしたうえで個人単位での個別制御性*2が確保されている。

＊1　例えば、天井・床放射暖冷房方式や床吹出し方式などを指す。
＊2　個人単位での気流感(パーソナル吹出し、天井扇等)の選択を可能とする方式を含む。

3) CASBEE－オフィス健康チェックリスト

　CASBEE-OHCはCASBEE-WOの項目に対して実際に働いている執務者が感じている印象を51の質問から"主観的"に評価するツールであり、企業のオーナーやビル事業者がCASBEE-WO認証取得後に、執務環境や設備が実際に執務者の健康性・快適性・知的生産性の向上に寄与していることを証明できるものさしとして利用できる。CASBEE-OHCの51の質問については(一社)日本サステナブル建築協会の

従来型の建物であったとしても、CASBEE-OHCの実施により、執務者のオフィス環境に対する不満を抽出できるため、健康性・快適性・知的生産性に対する問題点の把握や改善に取り組む際の利用なども考えられる。

2

ヒューマンファクター建築と社会的背景

ホームページ[3]を参照されたいが、表3に示すのは特に重要とされる16の項目を抜粋したCASBEE-OHC簡易版である。CASBEE-OHC簡易版を用いてもオフィス環境の評価は可能である。

表3　CASBEE－オフィス健康チェックリスト簡易版(2019)[3]

機能促進要因の充足(ポジティブ要因の充足)			
非常によく当てはまる	やや当てはまる	あまり当てはまらない	まったく当てはまらない
◎ ←			→ ×
3点	2点	1点	0点
1　働きやすい内装・インテリアとなっている			
2　利用しやすいリフレッシュスペースがある			
3　利用しやすい社内情報共有インフラがある			
4　利用しやすい会話を促進する空間がある(ホワイエ、ラウンジ等)			
5　ビル内でバリアフリー化が進んでいる			
6　設備等が充実した、快適なトイレがある			
7　充実した健康促進プログラムが実施されている(クラブ活動・フィットネスクラブ利用等への費用補助)			
8　まちなみや周辺の建物と景観が調和している			
9　非常時対応マニュアルが作成されており、十分に周知されている			
機能阻害要因の除去(ネガティブ要因の除去)			
ない	めったにない	たまにある	よくある
◎ ←			→ ×
3点	2点	1点	0点
10　暑さや寒さによって不快に感じること			
11　空気のよどみや埃っぽさ、嫌な臭いを感じること			
12　明るさのムラを感じること			
13　水道水に嫌な味やにおいを感じること			
14　コンセント容量、配線等に不満を感じること			
15　打合せスペースが足りないと感じること(会議室、打合せブース等)			
16　ビル全体を通して、不衛生さを感じること			

3 SDGsと建築・設備

SDGs [Sustainable Development Goals]　SDGs(エスディージーズ)では、下に示す5つのPを基盤としている。
基盤となる5つのP[2]
People(人間)
Prosperity(繁栄)
Planet(地球)
Peace(平和)
Partnership(パートナーシップ)

日本政府の優先課題[2]
1.あらゆる人々の活躍の推進
2.健康・長寿の達成
3.成長市場の創出、地域活性化、科学技術イノベーション
4.持続可能で強靭な国土と質の高いインフラの整備
5.省・再生可能エネルギー、気候変動対策、循環型社会
6.生物多様性、森林、海洋等の環境の保全
7.平和と安全・安心社会の実現
8.SDGs実施推進の体制と手段

目標6　すべての人々の水と衛生の利用可能性と持続可能な管理を確保する[3]。

目標7　すべての人々の、安価かつ信頼できる持続可能な近代的エネルギーへのアクセスを確保する[3]。

1) 持続可能な開発のための2030アジェンダ

　SDGsは、2015年の国連会議で、「我々の世界を変革する：持続可能な開発のための2030アジェンダ」が採択され、2030年までに世界のさまざまな側面の貧困を撲滅するために、17の目標(ゴール)と169のターゲットが設定された。ロゴマークを図1に載せる。

　これらの目標は、単に途上国だけのためのものではなく、わが国においても解決しなければならない問題が多く含まれ、日本政府では8つの優先課題を掲げている。

2) 建築・設備とSDGs

　これからの建築および設備を計画していくときにも、SDGsに沿った目標を設定することが重要である。例えば、6.安全な水とトイレ、7.エネルギー、8.働きがい、11.まちづくり、12.つくる責任・つかう責任、13.気候変動対策などは、建築・設備の業務と密接な関係がある。

■安全な水とトイレ(目標6)

　日本では、水の安全性は比較的良好に保たれているが、飲み水の供給や汚水の処理は、人の生活に欠かせないことであり、これは建築設備が関与すべき分野である。水質の安全確保、渇水対策は、今後課題となる可能性が高い。

■エネルギー(目標7)

　省エネや再生可能エネルギー利用は、エネルギーセ

図1　SDGsのロゴ[1]

FIT制度［Feed-In Tariff］ 再生可能エネルギーの固定価格買取制度。

キュリティ上、日本における大きな課題である。FIT制度が始まったことにより太陽光発電がかなり普及したが、今後、エネルギー政策にあるように他の再生可能エネルギーも含めて、そのシェアを22%程度、あるいはそれ以上に伸ばしていかなければならない。また、エネルギー効率の改善も図らなければならない。

■働きがい（目標8）

目標8 包摂的かつ持続可能な経済成長、およびすべての人々の完全かつ生産的な雇用と働きがいのある人間らしい雇用（ディーセント・ワーク）を促進する[3]。

WELL認証や「健康オフィス」の推進など、働く人の健康性が注目され、働き方改革が提唱されている。健康的な環境構築は、建築・設備の主要な業務対象となっている。

■まちづくり（目標11）

目標11 包摂的で安全かつ強靱（レジリエント）で持続可能な都市および人間居住を実現する[3]。

都市化の進展によるヒートアイランド現象や大気汚染などが問題となっており、環境共生を想定したまちづくりが求められている。コンパクトシティや交通に配慮したまち、スマートグリッド、パッシブクーリングの活用など、エネルギー消費の少ない、また環境負荷の少ないまちづくりが求められる。

■つくる責任・つかう責任（目標12）

目標12 持続可能な生産消費形態を確保する[3]。

設備機器、建築材料などを製造するものは、リサイクルを考慮した製品、長寿命な製品、製造時・使用時ともに環境負荷の少ない製品を製造し、使う側は、無駄な使い方をしないなどの配慮が必要である。建築を計画する際には循環型社会の形成につながるシステムを提供していかなければならない。

■気候変動対策（目標13）

目標13 気候変動およびその影響を軽減するための緊急対策を講じる[3]。

パリ協定が発効し、日本の温室効果ガス排出量削減目標に対する責任が大きくなった。「日本の約束草案」では、温室効果ガス排出量の削減目標は、2030年度に2013年度比で26%の削減としている。また、長期目標として2050年度までに80%削減を目指すこととしている。このような大幅な削減には、革新的な技術開発が求められる。このように温室効果ガス排出削減に向けて、エネルギー面、生活面についても見直していかなければならない。

Human

Factors

3章

古くて新しい

Design

ヒューマンファクター

f   o   r

建築環境におけるヒューマンファクターという用語は聞きなれないかもしれないが、
環境工学においては、古くから人間の快適性を扱ってきた。このような
一般化された知見からヒューマンファクターに関連する項目を取り上げる。

Building

Environment

1 暮らしの中の環境選択

1-1 寝殿造と十二単[1]

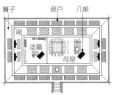

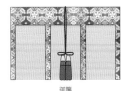

図1　寝殿造の内部

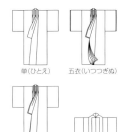

図2　十二単の構造

かつてエネルギーインフラのなかった時代、わが国においても、いにしえの貴人は快適な環境を獲得するために、さまざまな工夫を重ねてきた。その最も象徴的な様式は、寝殿造と十二単（じゅうにひとえ）であろう。

寝殿造の中心となる寝殿は土壁で囲まれた塗籠（ぬりごめ）の周りに、母屋（もや）、廂（ひさし）、簀子（すのこ）といった壁のない空間が取り囲み、必要に応じて御簾（みす）、屏風、几帳（きちょう）などの調度で仕切っていたという。また、廂と簀子の間には蔀戸（しとみど）があり、開閉ができた。当時の貴人は寒い時期には塗籠で、暑い時期には廂で寝ることもあったようで、調度や建具で環境を調整するだけでなく、居場所を変える工夫もしていた。

一方、十二単は今でいうレイヤードルックであるが、十二という数字は「多い」という形容で、内側から単（ひとえ）、五衣（いつつぎぬ）、表着、唐衣と重ねる。暑さ寒さの調節は五衣の枚数で行い、着衣の品位を変えずに保温性の調整をしていた。

このように、エネルギーの乏しい時代には衣服および什器、建築のそれぞれ薄いレイヤーを多数重ね合わせることによって、温熱環境を調整していた。それぞれのレイヤーは、現代の建築のように高性能で堅固なものではない代わりにその重ね方に工夫を凝らし、四季の変化に対応していた。そして、その機能と美学は、建築や服飾という文化に昇華し、融合した。

1-2 暮らしの中の環境選択[1]

写真1は岡山出身の作家・坪田譲治氏が昭和30年頃暮らしていた雑司ヶ谷の書斎で、まだわれわれの記憶に残る暮らしぶりが見受けられる。これは夏の夜、

涼しげな寛衣で燈火のもと読書にいそしまれる様子だが、窓には雨戸、ガラス戸、レースのカーテン、厚手のカーテンがある。ちゃぶ台、座布団は居場所をどこにでも簡単に移せる自由度があり、手元には団扇がある。今では骨董屋でしか見られない屏風を駆使して灯火を反射させ、窓からの気流を直接身体に当てないようにしている。

　かつてエネルギーが潤沢になかった時代、われわれは創意工夫と自らの行動的適応で環境を調整せざるを得なかった。そこには「自然の力の一部を使わせていただく」という環境に対する謙虚な姿勢を見出すことができる。この関係性は文字通り「共生」で、自然からその利得だけをむしり取るような昨今のテクノロジーとは異なるものだ。確かにそこには「読書」という目的行為を邪魔する要因だらけで、読書を仕事に置き換えた場合、これらの余計な行為はうっとうしいと思われるかも知れない。しかし、人間がその歴史の中で長い間ジョブをしながらときどき行っていた環境選択の権利行使は、知的生産性を大局的にとらえる場合、決して否定的な面ばかりではない。

写真1　暮らしのなかの環境選択
（作家・坪田譲治氏、昭和30年8月頃　雑司ヶ谷の書斎にて／岡山市立中央図書館所蔵）

2 快適感・温熱感指標とヒューマンファクター

2-1 PMVとPPD

PMVとPPDはデンマーク工科大学のFangerによって提案された温熱快適性指標である。Fangerは空調技術者としてこの指標を提案した。FangerのPMVを理解するためには快適方程式を理解する必要がある。熱的中立となるためには、①熱平衡が保たれること、②平均皮膚温が適当な範囲であること、③皮膚からの蒸発熱損失量が適当な範囲であること、が同時に満たされる必要がある。熱的中立時において、②の平均皮膚温と③の皮膚からの蒸発熱損失量は式(1)、(2)のように代謝量の関数として表すことができる。これによって人体の熱平衡式は6要素のみで表現できる。

$$t_s = 35.7 - 0.028(M - W) \cdots (1)$$
$$E_s = 0.42(M - W - 58.15) \cdots (2)$$

式(1)(2)より、人体の熱平衡式は以下のようになる。

$$(M - W) - E_d - E_s - E_{re} - C_{re} = K = R + C \cdots (3)$$

ここで、t_s：平均皮膚温度[℃]、M：代謝量[W/m²]、W：機械的仕事量[W/m²]、E_d：不感蒸泄量(汗以外での蒸発による)[W/m²]、E_s：皮膚面よりの蒸発熱損失量[W/m²]、E_{re}：呼吸による潜熱損失量[W/m²]、C_{re}：呼吸による顕熱損失量[W/m²]、K：着衣を通しての顕熱損失量[W/m²]、R：放射熱損失量[W/m²]、C：対流熱損失量[W/m²]である。以上の単位[W/m²]は、体表面積1m²あたりの熱量を意味する。

熱的中立から離れた場合、人は暖かい、寒いと感じるようになる。その場合の温冷感を予測する方法として、FangerがPMV理論を発表している。これは、1984年にISO-7730として国際規格化されている。PMV理論は,温熱環境の6要素を代入するとその条

熱的中立状態 人が暑くも寒くも感じない状態。

温熱環境の6要素 人の温熱感覚を決定する6要素。気温、湿度、気流、放射の環境側の4要素と代謝量、着衣量の人間側の2要素がある。

件で暖かいと感じるか寒いと感じるかを数値として表現してくれる。人体に関する熱平衡式と1,300人におよぶ被験者実験結果に基づいて提案された。図1に、そのスケールを示す。なお、日本語訳としては＋3暑い、＋2暖かい、＋1やや暖かい、0どちらでもない、－1やや涼しい、－2涼しい、－3寒いとするものが一般的である。しかし、英語のHOT－WARMやCOLD－COOLが感覚的に連続したものである一方、日本語の「暖かい」や「涼しい」は快適の意味を含んでおり、「暑い」や「寒い」と完全に一直線上に並べられる概念であるとはいえない。そのため多少誤解が生じると考えられ、よりよい訳語に関する研究も行われているが、現状では図に示した訳語を用いることが多い。

PMVは人体の熱負荷Lに基づき算出される。人体の熱負荷とは、熱的中立状態からの仮想上の偏差を熱量で表したものである。実際の人体は生理学的に皮膚温度、蒸発熱損失量を調節し熱平衡を保っている。式(3)の左辺より右辺を引いて人体の熱負荷Lは求められる。着衣外表面温度t_{cl}は、式(5)で求める。

$$L = (M-W) - E_d - E_s - E_{re} - C_{re} - R - C \cdots (4)$$

$$t_{cl} = t_s - 0.155Icl(R+C)$$
$$= 35.7 - 0.028(M-W) - 0.155I_{cl}\{3.96 \times 10-8f_{cl}\{(t_{cl}+273)^4 - (t_r+273)^4\} + f_{cl}h_c(t_{cl} - t_a)\} \cdots (5)$$

ここで

L：人体の熱負荷[W／m²]

t_{cl}：着衣外表面温度[℃]

I_{cl}：着衣量[Clo]

f_{cl}：着衣面積増加係数[－]

t_r：平均放射温度[℃]

h_c：対流熱伝達率[W／(m²・℃)]

t_a：気温[℃]

Fangerは人体の熱負荷Lが変化すれば温冷感申告Yが変化すると考えた。代謝量の異なる4種類の被験者実験結果について、それぞれ値を求め、微分方程式

を作成した。これを積分し、申告値Y＝0(中立)時には熱負荷Lが0であるという初期条件を代入した。この積分で求められたYをPMV(predicted mean vote)と名づけた。PMVは式(6)で算出される。

$$PMV = (0.303e^{-0.036M} + 0.028) \times [(M-W) - 3.05 \\ \times 10^{-3} \{5733 - 6.99(M-W) - P_a\} - 0.42(M \\ -W - 58.15) - 1.7 \times 10^{-5}M(5867 - P_a) \\ - 0.0014M(34 - t_a) - 3.96 \times 10^{-8}f_{cl}\{(t_{cl} \\ + 273)^4 - (t_r + 273)^4\} - f_{cl}h_c(t_{cl} - t_a)] \cdots (6)$$

ここで
P_a：水蒸気分圧[kPa]

FangerはあるPMVに対して何%の人が不満足に感じるかという割合PPD(predicted percentage of dissatisfied)を提案している。PPDは予想不満足者率という。図2にPMVとPPDの相関を示す。$-0.5 < PMV < +0.5$のときPPD＜10%であり、ISO-7730はこれを推奨域としている。なお、PMVを用いるのに適しているのはPMV0〜±1.5程度の環境と考えられている。また、座位においては作用温度3℃の違いがPMV1の差に相当する。PMVは、ISO-7730(温熱環境の人間工学-PMV(平均温冷感申告)とPPD(予測不満足者率)指標を用いた温熱快適性の解析的決定と解釈及び居所不快感の快適範囲)として規格化されている。

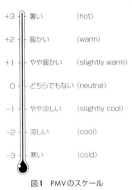

+3	暑い	(hot)
+2	暖かい	(warm)
+1	やや暖かい	(slightly warm)
0	どちらでもない	(neutral)
−1	やや涼しい	(slightly cool)
−2	涼しい	(cool)
−3	寒い	(cold)

図1 PMVのスケール

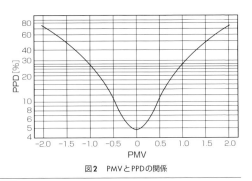

図2 PMVとPPDの関係

2-2 標準新有効温度SET*

PMV／SET*算出に必要な項目
気温、相対湿度、風速、平均放射温度（MRT）、代謝量、着衣量が算出に用いられる。
平均放射温度とは、形態係数を考慮した周囲壁面の平均温度として定義されている。平均放射温度を精密に測定することは難しいが、グローブ温度計の値を用いることで簡易的に算出可能である。
PMV／SET*の算出に必要な環境側の4要素については実測値を用いることができるが、人間側の2要素については仮定の値を用いることが多い。オフィス環境を評価する場合では、代謝量1.2met、着衣量（夏期：0.5clo、冬期：1.0clo）とするのが一般的である。

標準環境 SET*における標準環境は気温と平均放射温度が等しい、相対湿度50％、静隠気流の環境である。人間側の代謝量は実在環境と同じ値であるが、着衣量については次式の代謝量の関数として与えられる標準着衣量が導入されている。
$I_{cls}=1.33/(M+0.74)-0.095$
I_{cls}：標準着衣量
M：代謝量

　私たちが感じる暑さや寒さといった感覚は、気温だけではなく、湿度、風速、熱放射といった環境側の要素に加えて人間の着衣の状態（着衣量）と活動の状態（代謝量）が大きく影響する。この温熱環境の6要素の総合的影響を評価する指標として最も多く使われているのがPMV（76ページ）とSET*である。PMVは6要素の総合的影響が7段階尺度の温冷感の予測値として表現されるのに対して、SET*では「温度」の指標として算出される点が大きく異なる。

　SET*はGaggeらの理論に基づく体感温度の指標であり、「評価対象の環境における人体からの放射熱と同等になる標準環境の気温」として定義される[1]。SET*の算出過程では、体心部と皮膚部の間の血流量などの温熱生理調節作用がモデル化されているため、PMVに比べてより広い温熱条件での適用が可能とされている。SET*を求めるプログラムに関してはASHRAE（アメリカ暖房冷凍空調学会）等から入手できる[2]。

　表1にSET*と温冷感、快適感、生理状態の関係を示す。ASHRAEの研究プロジェクトではSET*＝22.2〜25.6℃の範囲では集団の80％以上が快適側の反応を示した。この結果に基づいて、ASHRAEの基準ではSET*＝22.2〜25.6℃の範囲を快適環境として定めている。

表1　SET*と温冷感、快適感、生理的状態の関係[2]

SET*[℃]	温冷感	快適感	生理的状態
＞37.5	非常に暑い	非常に不快	体温調節ができない
34.5〜37.5	暑い	許容できない	おびただしい発汗
30.0〜34.5	暖かい	不快	発汗
25.6〜30.0	やや暖かい	やや不快	軽い発汗、皮膚血管拡張
22.2〜25.6	快適	許容できる	中性
17.5〜22.2	やや涼しい	やや不快	皮膚血管収縮
14.5〜17.5	涼しい	許容できない	軽い体冷却
10.0〜14.5	寒い	非常に不快	ふるえ

2-3 温熱環境適応

1）3種の適応

PMV、SET*のような熱一感覚モデルにおいて、人は環境におかれた発熱体として扱われている。モデルには人体の自律性体温調節が考慮されているが、現実には不快な環境変化が起こった場合、人は行動性体温調節等により自らを快適な状態に戻そうとする。このような動的な存在として人をとらえる考え方が、Humphreysらが提唱した温熱環境適応（thermal adaptation）である[1]。

de DearとBragerは、環境適応について以下の分類を提案している[2]。

- 行動的適応：着衣の調節、滞在場所の選択、姿勢の変化、窓の開閉、空調設定温度の調節など、あらゆる行動をともなう適応を指す。3種の中で最も頻度が高いと考えられている。

- 生理的適応：一定の期間、環境に暴露されることによる体温調節機能の気候順化を指す。季節的な順化から世代をまたぐ長期的な順化までを含む。

- 心理的適応：環境に対する高い期待は不満を招きやすいが、期待を緩和することで、与えられた状況を受け入れられるようになる。感情を含んだ感覚として熱的快適性をとらえ、環境の受け止め方に関わる心情の変化を心理的適応という。

2）適応機会と適応制限

環境適応により、あらゆる環境が快適になるわけではない。現実には、さまざまな状況によって適応が制限される。窓開放による通風を例にとると、まずその部屋に開閉機能付きの窓が必要になる。また、騒音、突風、花粉、セキュリティ、周囲の意見などにより、窓が開けられない場合が出てくる。

適応機会は、建物や社会背景により付与される[3]。個人による着衣量や代謝量の調節に加えて、建物は空調や開閉可能な窓等の設備、そしてそれらの個人調節の自由度という形で環境調節手段を技術的に提供す

自立性体温調節 発汗、ふるえ、血管運動のような不随意の生理反応による体温調節。温熱環境指標のPMVやSET*では自立性体温調節の効果が考慮されており、人体と環境の熱収支から熱的快適性を予測している。

行動性体温調節 行動による体温の調節や維持。環境の移動、姿勢の変化、個体の密集などがさまざまな動物に見られ、これらの多くは本能行動に分類される。人の場合は行動原理が複雑になるため、建築環境における適応研究が必要である。
従来の温熱環境指標でも、温熱環境6要素に還元できるものであれば、熱的効果を定量的に予測できる。

感情 温冷感は、外部からの刺激に対する反応、「感覚」の一種である。従来の温熱環境指標は、「暑くも寒くもない」ことを「快適」と見なす前提があった。しかし、快適、満足、許容の判断には「感情」を含めた複雑な心の動きが関わっている。温熱環境適応の概念では、温熱環境以外の多くの情報が背景に含まれており、「感情」も含めた快適性の評価になっていると考えられる。

る。一方、社会背景は気候、文化、経済状況、業務規則、個人の主義や好み、健康状態、他要因とのトレードオフなどを含む。これらの要因は適応の自由度を高める方向にも制限する方向にも働く。そのため、良い建物の設計とは、社会背景が行動的適応にもたらす制限を考慮したうえで、実効性のある適応機会を増やしていくことにある[4]。

3）環境の文脈

環境適応を考慮すると、熱的快適性を左右する因子は温熱環境の6要素（空気温度、放射温度、湿度、気流速度、代謝量、着衣量）にとどまらない。その人のおかれている状況が、適応機会を大きく左右する。温熱環境6要素に付帯する情報で、快適性の判断に影響するものを「環境の文脈（context）」という。これは①社会、②建物（設備を含む）、③個人に関連する要素に分けることができる。環境の文脈と環境適応が熱的快適性に与える影響を図1に示す。

中央の太い矢印は、従来の温熱環境指標における評価の流れを示している。上から下への一方向で完結しているが、ここに環境適応を考慮することで、フィードバックループが生じる。ループが収束した時点で、温熱環境が期待に見合わなければ不快と感じ、見合っていれば快適と感じる。

社会的文脈要素 慣習、規定、制約など、ある集団の適応のしかたに影響する要素。気候、宗教、文化、経済状況、技術水準等は、基本となる行動様式（行動的適応）や考え方・物事の受け止め方（心理的適応）に影響する。

建築的文脈要素 建物や設備などのハードウェアに起因する要素。開閉窓や空調設備の有無、個人による環境調節の自由度、座席配置等は適応手段の豊富さ（行動的適応）に影響する。建物の用途は、その空間の使われ方や内部での行動を変化させる（行動的適応）。また、テント、山小屋、高級ホテルのように建物の位置づけが異なれば、期待される快適性レベルも異なる（心理的適応）。

個人的文脈要素 影響範囲が集団ではなく個人に限定される要素。体格、健康状態、好み、こだわり等が個人の行動様式（行動的適応）や考え方（心理的適応）に関わっている。

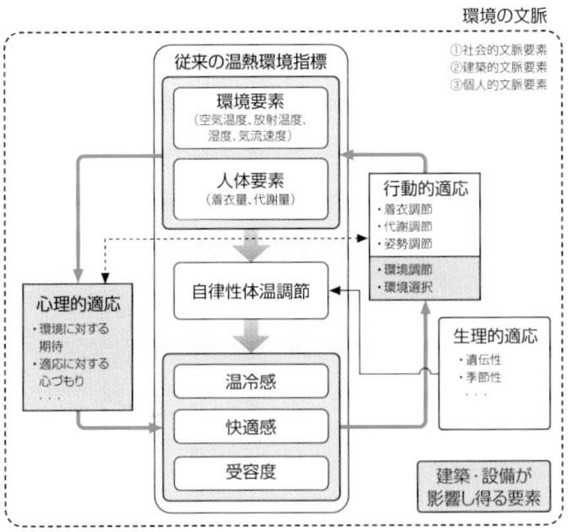

図1 環境適応を考慮した熱的快適性の概念図

中立温度、快適温度 人が暑くも寒くも感じない温度を熱的中立温度、または中立温度(neutral temperature)という。被験者実験や実測調査の温冷感申告をもとに導かれる。PMV＝0に相当する作用温度を指す場合もある。温冷感以外の申告から導かれた結果や、複数の手法から導かれた結果を総称して快適温度(comfort temperature)ということがある。定義は研究者により異なり、統一されていない。

快適範囲[comfort zone] 一定の比率以上の在室者が満足と感じる環境の範囲。閾値として80%が使われることが多いが、カテゴリに応じて異なる数値を使う場合もある。その求め方にはさまざまな手法があり、統一されていない。

ASHRAE アメリカ暖房冷凍空調学会(American Society of Heating, Refrigerating and Air-Conditioning Engineers)。ASHRAE Standard 55は建物内の熱的快適性に関するアメリカ規格。

半屋外環境 温熱環境の調整を意図的に行わない屋外環境と、建物内部で空調により積極的に温熱環境を調整する室内環境の中間に位置づけられる。温熱環境の調整に通風や日射遮蔽などのパッシブ手法が用いられることが多いが、送風機やドライミストなどのアクティブ手法を用いる場合もある。

作用温度[Operative Temperature] 気温に熱放射の影響を加味した仮想の温度。

4）熱的快適条件

熱的快適条件を定義するうえで、「中立温度」または「快適温度」は、空調の制御目標値（設定温度）と親和性が高い。しかし、各個人による環境調節が前提となると、重要なのは制御点としての「快適温度」ではなく、「快適範囲」となる。

5）自然換気ビルの快適範囲

居住者が許容できる環境範囲は、環境適応の自由度が高まることで広くなり、逆に制限されることで狭くなると考えられている。人工気候室における温冷感の実験では、被験者は行動的適応を制限され、人為的な温熱環境条件に暴露される。これは被験者が環境適応を最も制限された状態での結果であり、許容環境範囲は狭くなるものの、長時間の滞在が求められる一般建築物の状況に対応している。PMVから導かれる快適範囲はこれに相当し、現行の温熱環境基準ASHRAE 55でも－0.5＜PMV＜＋0.5(PPD＜10%)が推奨されている。しかし、居住者が窓を自由に開閉できる自然換気ビルでは行動的および心理的適応の自由度が高く、PMVの予測結果よりも広い範囲で快適になることが実測調査結果から示されている[5]。利用者の環境適応を考慮した快適温度の予測モデルをアダプティブモデルという。ASHRAE 55では、自然換気ビルを対象とした許容環境範囲が示されている(図2)。

6）半屋外環境の快適範囲

屋外・半屋外において室内と同等の快適性を追求するのは技術や省エネルギーの観点から非現実的であ

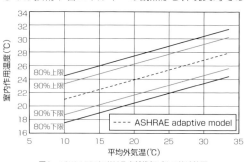

図2 ASHRAE55における自然換気ビルの快適範囲

アダプティブモデル [adaptive model]　自然換気ビルでの実測調査結果から統計的に導かれた快適温度予測式で、外気温の一次関数として整理されている。自然換気ビルの室内環境は、そもそも外気温と相関が高い。その環境に合わせて、執務者が積極的に行動的適応(着衣調節、窓開閉など)や心理的適応を行うことで、快適温度も大きく変化することを示している。自然換気ビルの快適範囲を予測する方法として温熱環境基準にも採用されている。ASHRAE 55とISO 17772-1では異なるアダプティブモデルが引用されており、その線を中心に快適範囲が設定されている。モデルが一致しないのは、元となった研究の調査対象地域が異なるためである。「環境適応を考慮した熱的快適性の概念」を指してアダプティブモデルの用語が用いられることもあるが、これはASHRAE 55の定義とは異なる。

標準有効温度SET* [Standard Effective Temperature]　評価対象の環境における人体からの放熱量と同等になる相対湿度50%の標準環境の気温。気温、平均放射温度、相対湿度、風速、代謝量、着衣量の6要素が入力データとなる。
⇨79ページ

る。そもそも居住者(利用者)は室内と質の異なる環境を求めていると考えられ、期待される快適性に温熱環境計画が重要となる。

　オフィスとは用途の異なる半屋外パブリックスペースを対象とし、四季にわたって調査した結果の事例を紹介する[6,7]。建築や樹木による日除けおよび風除けのみを環境調節手段とした開放的な空間2件、そして一年を通して空調により環境制御されたアトリウム2件を選定した。これらは大規模なオフィスビルや商業施設に隣接して公開空地として設けられ、利用者による滞在場所や滞在時間の選択、着衣調節が自由な空間であった。実際に対象空間で座った人を滞在者と見なし、アンケートを依頼した。同時に、移動計測カートを用いて回答者近傍の詳細な温熱環境を測定した。2,284件の回答と環境データから分析を行った。

　熱的不快申告率の上限を20%とすると、PPDによる快適範囲23～28℃に対し、空調空間ではSET* 19～30℃、非空調空間でSET*15～32℃が熱的快適域となることがわかった。環境適応を考慮することで、実際の半屋外パブリックスペースでは、PPDにより予測されるよりも空調空間では2倍以上、非空調空間では3倍以上広い範囲で滞在者が熱的に快適であることがわかった。

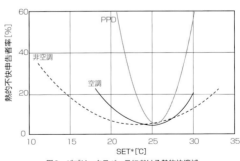

図3　パブリックスペースにおける熱的快適域

2-4 露天風呂の快適性

1) 二次元温冷感モデル[1, 2]

　暑い場所から中立な環境に移った場合や寒い場所から中立な環境に移った場合は、暑い→涼しい→ちょうどいい、寒い→暖かい→ちょうどいい、と人間の温熱感情は変化する。そうすると、定常な状態のときによく使われる暑い・暖かい・中立・涼しい・寒いという並びの尺度上では評価が逆転してしまう。これは古くから知られている現象で、この問題を概念的に説明できるようにしたものが二次元温冷感モデルである。

　図1は、基本図である。人体生理は環境に従属であるが、ここでは独立に取り扱っている。A軸が周辺環境状態を示し、P軸が人体生理状態を示す。中央の四角が中立域、外側の四角が生活域と致死域を分ける境界を示している。致死域に入ってもすぐ死ぬわけではなく、長く滞在していると生命の危険がある領域である。対角線の破線は熱平衡が成り立っている定常状態である。A軸は温度が高い・低い、P軸は身体が熱くなっている・冷えている、とここでは単純に考える。両指標を調整すれば正方形で考えられるとする。図2は、暑い状態から寒い状態、あるいはその逆に周辺環境が変化するときの状況を示している。非常にゆっくり環境が変化するときは、人体生理の時間遅れはなく破線上を動く。環境変化が急なときは外側に膨れる。部屋を移動するような場合は不連続変化になり、図上ではジャンプする。図3は、対応する言葉をあてはめ

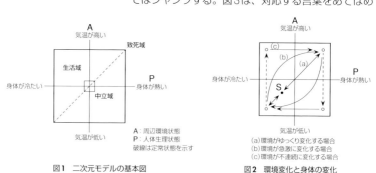

A：周辺環境状態
P：人体生理状態
破線は定常状態を示す

図1　二次元モデルの基本図

(a)環境がゆっくり変化する場合
(b)環境が急激に変化する場合
(c)環境が不連続に変化する場合

図2　環境変化と身体の変化

たものである。周囲温が高くて身体が熱いときに暑く、その逆が寒いとなり、身体が冷えているとき周囲温が高いと暖かいになる。その逆が涼しいである。英語の場合、warmには暑いという意味もある。周囲温が下がっていく場合は、暖かいという領域には入らない。また周囲温が上がっていく場合は、涼しいという領域には入らない。このように考えると、前述の逆転現象は説明できる。

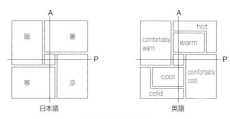

図3 日本語と英語

　図4は快適感を示している。内側の四角が中立域で不快がないという消極的快適性を示し、暖かいと涼しいの領域が気持ちいいという積極的快適性、プレザントネスを示している。対角線の破線に対応する曲線が定常状態の快適曲線で逆U字形になる。環境状態が中立状態のときは、その前が寒ければ寒いほど暖かく、暑ければ暑いほど涼しく快適になるので快適曲線は正

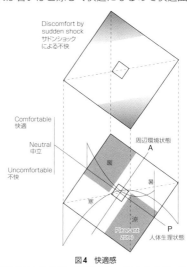

図4 快適感

のU字形になる。究極のプレザントネスは左上あるいは右下にあるが、ここにくるためには身体がかなり冷えている、あるいはかなり熱くなっている状態から真逆の環境に移行しなければならないため、環境差が大きくサドンショックの不快が生じ、プレザントネスと混在する。これを表現したものが図4の上部の図である。

2）紅葉あるいは新緑の頃の露天風呂

　少し寒くコートが必要であるくらいの頃の露天風呂を表現したものが図5である。左下から始まる。裸になるとかなり寒い。温泉に首までつかると非常に暖かい。しばらく入っていると汗が出てくる。そうすると肩や腕を出す。男性なら胸や腹まで出すかもしれない。急激に冷えて、また首までつかる。これを繰り返すことができる。適宜繰り返しのリズムを変えるであろう。湯温は汗が出てくるくらいの少し熱めがいい。外気が非常に寒いと肌を露出しにくくなるのであまり楽しめない。逆に暑いと肌を露出しても冷えないのであまり楽しくない。露天風呂の事例ではないが、温泉でしっかり温まった身体なら、雪の上を裸足で歩けるし、しかも気持ちがいい。フィンランドのサウナも同様である。湖畔のサウナ小屋で温まり、冷たい湖に飛び込む光景はよく知られている。

　ただし、露天風呂を楽しめるのは健常人に限られ、病気や高齢あるいは飲酒などの状況がある場合は危険性があり、注意が必要である。

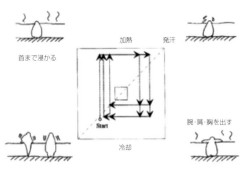

図5　露天風呂

3 パーソナル空調とヒューマンファクター

3-1 パーソナル空調小史 [1]

パーソナル空調としての成立以前に、個人が自分の意思で用いる採暖あるいは採涼のための仕掛けは炬燵（こたつ）や団扇（うちわ）などいろいろあるが、ここでは空調のカテゴリーに入るものを概観したい。その嚆矢（こうし）は床吹出し空調システムとされるが、別項に詳述されているので、その後の変遷をみてみたい。

図1はPEM(Personal Environment Module、Johnson Controls、USA)と呼ばれるシステムで、バンク・オブ・アメリカのサンフランシスコオフィスなどに採用されている。外気と室内空気は机の下の混気箱で混合され、机の上の吹出し口から任意の方向へ給気する。執務者は卓上のコントローラーで給気の温度と風量のみならず、足下の放射パネル、タスク・ライトおよび騒音をマスキングするためのホワイトノイズの調整が可能である。

また、図2はClimadesk(Mikroklimat、Sweden)で、外気を小型の空調機で調整し、机の前縁から吹き出す。机の天板裏面には、放射パネルがある。

図3はZero Complaint System(Tamblyn Consulting Services、Canada)で、室内は置換換気性状で、天井に設置されたノズルからの給気を

床吹出し空調
⇨91ページ

置換換気 室内空気を撹拌せずに、温度成層を形成する換気方式。汚染質は上昇気流に乗せて搬送するため、高い省エネ性が期待できる。

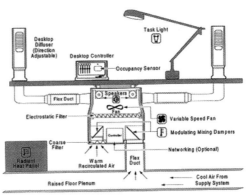

図1 事例1：Personal Environment Module(Johnson Controls, USA)

執務者が自由に操作する。

　写真1はPersonalized Ventilation(EX-
HAUSTO、Denmark)で、調整された外気をディ
スプレイ越しに任意の方向へ好みの風量で給気でき
る。

　そのほか、パーティションから執務者へ給気する方
式や、キオスクと呼ばれる柱状の吹出し口から給気す
る方法など、さまざまなバリエーションがある。

　これらのシステムは新鮮外気を直接執務者の呼吸域
へ供給することを可能とし、インフルエンザの感染や
体臭など臭気の問題を解決する。感染の可能性が低く
なれば欠勤率も減り、広義の知的生産性向上に寄与す
るとの見方もある。

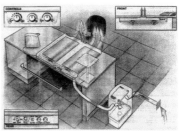

図2　事例2：Climadesk
　　　　　(Mikroklimat, Sweden)

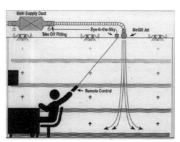

図3　事例3：Zero Complaint System
　　　　(Tamblyn Consulting Services, Canada)

写真1　事例4：Personalized Ventilation
　　　　　　(EX-HAUSTO, Denmark)

3-2 パーソナル空調

　多くの執務者が、同じ空間で働くワークプレイスでは、従来、平均的な満足度の向上を対象に、均一、均質な環境が求められてきた。しかし、社会の流れは、組織においても個や多様性が尊重される働き方に変化しつつある。個人を対象にした満足度を求めるのであれば、場所や温度、照度を調整できる選択権の提供が有効なことは容易に想像できる。個人の環境選択に対応可能なシステムであるパーソナル空調は、多様性の創出が望まれるABW(Activity Based Working)など、多様性の創出が望まれるワークプレイスにとって非常に魅力的なシステムである。

1) パーソナル空調開発・導入の背景

　パーソナル空調を導入するねらいは、おもに以下の3つの視点があげられる。

①節電、省エネルギーへの寄与

②健康衛生面への寄与

③知的生産性の向上など付加価値への寄与

　パーソナル空調に関する研究は1990年頃より論文に取り上げられ、導入事例としては2000年頃にはいくつか見られるようになった。研究から事例導入に至るまで比較的時間を要し、かつ導入事例数が緩やかに変動している背景には社会的背景が影響していると思われる。1990年代のバブル崩壊、1997年京都議定書、2002年頃のSARS、2005年クールビズなど社会動向が、ときに障壁になり、追い風になってきた。

2) パーソナル空調の省エネ効果

　省エネ効果の代表的なものは、クールビズなど「室温設定緩和」と、センサを活用した「最適利用制御」である。パーソナル空調があれば、アンビエント域設定温度を緩和しても、パーソナル域での快適感を維持できるため、環境設定緩和が受け入れやすくなる。「最適利用制御」効果は、端的にいえばオンオフ制御である。オフィス利用状況調査によると在席率はおおむね40〜60%程度であり[1]、在席者にともなう熱負荷は、

人体発熱のほか、OA負荷、導入外気量など、多くの熱負荷要素が影響している。これらが在・不在と連動し、無駄な空調を抑制できればその効果は大きい。

3）健康衛生面への寄与

パーソナル空調は、新鮮な空気を執務者の居住域近傍に効率よく供給できることも期待できる。空気齢や呼吸域濃度などでその性能を評価した研究が報告されている[2]。A.K.Melikovら[3,4]は、さまざまなパーソナル空調方式で呼吸濃度を測定しており、方式による違いを評価している。新鮮外気の呼吸域供給は覚醒への寄与、インフルエンザ流行時の感染抑制など、健康衛生面を支える呼吸域空気質の向上に非常に有効なシステムである。

4）知的生産性、快適性・満足度への寄与

パーソナル空調は、何らかの操作性、選択性を有したシステムである。前述されているように、環境選択権が与えられることで、環境受容度は高まり、満足度向上への寄与も期待できる。

5）パーソナル空調の分類

パーソナル空調システムは実に多様である。パーソナル空調の方式は、大きくは、対流方式と放射・伝導方式に分かれるが、多様さが魅力でもあり、表1におもなシステム分類を示す。

空気齢 換気効率評価指標の一つで、吹出し口から室内のある点に至るまでの年齢。空気齢が若い場所は、新鮮吹出し空気が速やかに到達することを意味する。

写真1 対流方式パーティション側面吹出し口

表1 パーソナル空調の分類

対流方式	対流方式	放射・伝導方式
①机上吹出し口ユニット ②パーティション側面吹出し口 ③パーティション上面吹出し口 　（ワイドカバー型） ④天井吹出し口 ⑤床吹出し口 ⑥独立吹出し口（キオスク型） ⑦机前縁吹出し口 ⑧椅子吹出し口		
放射・伝導方式		
Ⓐ前面パネル Ⓑ足下パネル Ⓒ天井パネル Ⓓ床面パネル Ⓔ机下面 Ⓕ机上面		

3 古くて新しいヒューマンファクター

3-3 パーソナル空調と床吹出し空調

パーソナル空調の一つの事例として床吹出し空調があげられる。床吹出し空調にはいくつか種類があるが、吹出し口の風量や風向を操作できるので、パーソナル空調の一つの形態と位置づけることができる。

1) 床吹出し空調システムとは

床吹出し空調 [under floor air -conditioning] 欧米では、Under-floor air distributionと呼んでいる。

この空調システムは、居室の床をフリーアクセスフロアなどの二重床とし、その床下空間に空調空気を吹き込み、床面に取り付けられた吹出し口から空調空気を供給する。吹き出された空気は、室内の熱負荷により暖められて上昇し、天井から排出される。床下空間を空調用エアチャンバーとして利用することで、吹出し口までのダクトが不要となるメリットがある。また、吹き出された空気は、負荷処理をした後に上昇するので、居住域の空気清浄度が高く、換気効率の良いシステムとなる。

換気効率 換気の性能を示す尺度で新鮮空気の供給能力や汚染質の除去能力を表す。

一方、デメリットとしては、二重床内で冷房時は熱取得、暖房時は熱損失があるので、空調機から遠方では、冷却（加熱）能力が低下する。また、吹出し口の直上では、気流速が速くなり環境が悪化し、居住者に不快感を与えることがあるので、レイアウト変更を行った際には吹出し口も適切な場所に移動しなければならない。

2) 床吹出し空調の種類

吹出し口のタイプにより、プレッシャー方式、ファン方式、全面床吹出し方式がある。

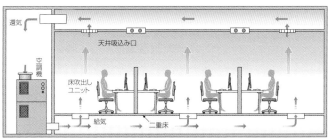

図1　床吹出し空調概念図

図2 床吹出し口1(N社製)

図3 床吹出し口1の気流可視化写真

パーソナル吹出し口(開)

パーソナル吹出し口(閉)
図4 床吹出し口2(S社製)

3

古くて新しいヒューマンファクター

①プレッシャー方式

　床下内の圧力を正圧に保ち、空調空気を床面に取り付けられた吹出し口より吹出す方式。吹出し口にはシャッターなどが取り付けられ風量や風向が調節できる。

②ファン方式

　吹出し口に取り付けられたファンにより空調空気を吸い上げる方式。床下の圧力は、やや負圧となる。ファンにより空調空気を吹き出すため、床下の圧力にかかわらず一定の風量が得られる。また、ファンの風量・風向を調整することで、居住者の好みに合わせた環境構築ができる。

③全面床吹出し方式(置換換気型)

　多孔の二重床およびカーペットの細孔を使用して、床全面からゆっくりした風速で空調空気を吹出す方式。風速が遅いので気流による不快は少ない。逆に気流感が小さいので冷房時に不快となる場合がある。その場合には、個別の吹出し口を設置することで、気流感を調節できるようにする。

　図2に示す吹出しユニットは、吹出し口に指向性があり、さらにその方向や風量が可変できるようになっているので、パーソナル性が高い。図2の吹出し口の吹出し気流を可視化した写真を図3に示す。右側の気流は、斜めに吹き出しており、居住者に向けることができ、必要のないときには、左側のように上向きに調整することができる。また、図4に示すような、全面床吹出し方式に用いられるパーソナル吹出し口もある。この吹出し口は、足元に設置され、居住者が容易に風量操作することができる。

3) 床吹出し空調システムの歴史

　このシステムは、南アフリカのヨハネスブルク銀行(1983年)、香港上海銀行本店(1985年)、イギリスのロイズ保険組合本社ビル(1986年)に採用されたのが始まりとされている。その後、日本でも1987年頃から研究、採用が始まった。

3-4 パーソナル空調システムの実際

1)「パーソナル」な追従性

人間のもつ生理特性、行動特性は、個人によって異なり、また一個人においても体調、ストレスや疲労、心理状態等により、求められる快適な温熱環境は異なってくる。自らが好みの温熱環境の状態を選択、制御する権利をもつことにより、温熱環境に対する「満足感」の向上を図ることが可能となる。さらに、この「満足感」の向上が、「知的生産性」を高める可能性が示唆されている。自らが選択、操作することで「自己効力感」を発現し、環境を受容、クレームが抑制される。パーソナル空調は、温熱的環境選択権を「確信」させるための仕組みとなる可能性をもつシステムである。

知的生産性
⇨62ページ

自己効力感
⇨118ページ

したがって、「個別対応性」を高めたパーソナル空調は、個人の好みに最も対応でき、ヒューマンファクターデザインを実現しやすいシステムといえる。

2) オフィスにおける計画事例

小規模なオフィス支店のZEB化を目指した改修において採用された、パーソナル空調システムの事例を紹介する[1]。

ZEB
⇨40ページ

本計画は、天井放射パネルおよびパーソナルファンを備えており、さらにウェアラブル情報端末を使った執務者の活動量計測や体感申告から個人の好みを学習し、最適な温度や気流を提供する「ウェルネス制御」（後述）を実施し、快適性の向上を目指した計画としている。

ウェアラブル情報端末
⇨160ページ

①ウェルネス空調システムの計画

ウェアラブル情報端末やビーコン等の各センサから得られる執務者の位置情報や、温熱環境および執務者の体感申告から個人ごとに快適指標を学習して、パーソナル気流ユニットや室内温度の設定値を制御する「ウェルネス空調システム」を構築している（図1）。

ウェルネス制御は、①環境情報の取得、②ユーザーの体感申告、③申告に基づいた個人の温冷感を反映した空調制御の3つの機能から構成される。個人座席ご

ビーコン[Beacon]
Bluetoothを用いた情報伝達システム。

とに設置されたビーコンの信号をBluetoothを介してスマートフォンで取得し、ユーザーの位置情報を特定するとともに、その場所に紐づいた環境センサの情報(温湿度、天井や窓表面温度)からユーザーがさらされる温熱環境を、また腕時計型端末およびスマートフォンにより代謝量を把握し、PMVを計算している。また、ユーザーは温熱不満足度を6段階で評価して申告でき、この申告値(以下、pPPDと呼ぶ)を申告時のPMVとともに蓄積している。

また申告に基づいた個人の温冷感を空調制御に活用するため、ユーザーごとにpPPDとPMVの関係式を作成しており、これは申告が行われるたびに更新される。作成された個人ごとのPMV－pPPD特性より、pPPDを目標値以下(≦0.1)にするために必要な設定値を求め、各空調機器を制御している。

本計画の天井放射パネルおよびパーソナルファン(図2)は、ウェルネス空調時には室温設定値およびパーソナルファン風量設定値を制御可能である。具体的には歩行などによる身体活動に応じて代謝量が増加することによりPMVが上昇し、自席に来たことをビーコンによって検知し、パーソナルファンが目標pPPDとなるように動作する。例えば、着座直後は

図1　ウェルネス空調システム概念図[1)]

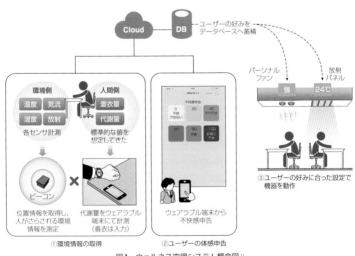

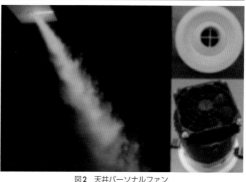

図2 天井パーソナルファン

「強」運転しているものの、その後代謝量の低下に応じて設定風量が小さくなる。

　ウェルネス空調を行った場合、ユーザーが任意に操作する場合と比較して、温熱満足度は50％程度向上、生産性は25％程度向上するといった検証結果も得られている。

②パーソナルファンの温冷感への定量的効果

　パーソナルファンについて風量変化による冷却効果を把握するため、サーマルマネキンを用いて検証を行った事例を示す（測定は8月冷房期）。

　パーソナルファンの仕様および居住域での風速測定結果を表1に示す。風量は、OFF・弱・中・強の4段階で調整可能であり、天井の吹出し口からの距離によるが、着座時の顔高さ付近（FL＋1.2m）における風速は、弱運転で約0.3m／s、強運転で約0.8m／sである。

　OFF、中、強それぞれの風量設定で運転した場合のマネキン付近の室内環境測定結果を表2に、サーマルマネキンの部位別等価温度を図3に示す。測定中は室内設定温度を27℃とし、パーソナル気流なしの条件を基準環境として等価温度を算出した。表2より、パーソナルファンを使用しないOFFの場合では、座位中心の風速は無風でありPMV＝0.7であったのに対し、運転中は居住域風速が大きくなることで、中運転でPMV＝0.3、強運転でPMV＝0.2まで低下している。

サーマルマネキン　人体の形状をした発熱体。評価対象の温熱環境における人体各部位の皮膚表面温度を模擬する制御に加えて、各部位の皮膚表面温度が一定となるような制御も可能である。各部位ごとの供給熱量と皮膚表面温度が測定される。

サーマルマネキンの等価温度　評価対象の環境におけるサーマルマネキンの顕熱損失と等量の顕熱損失を生じさせる、均一な仮想環境の温度。均一な仮想環境とは、静穏気流環境において、空気温度と平均放射温度が等しいかつ上下温度分布のない温熱環境である。

図3のサーマルマネキンの部位別等価温度を見ると、特に気流の当たる体前面(顔、胸、腕、前太腿)を冷却していることが確認でき、全身の等価温度を比較すると、OFF時が27.1℃に対し、強運転時は26.2℃で、パーソナルファンの風量調整により約1.0℃の等価温度低下を期待できる結果となっている。

表1　パーソナルファン仕様および居住域風速[1]

風量設定		弱	中	強
消費電力[W]		3	4	5
吹出し口風量[m³/h]		20	30	40
吹出し口風速[m/s]		3.3	5.5	7.2
風速 [m/s]	FL＋1.2m	0.32	0.54	0.80
	FL＋1.0m	0.28	0.48	0.71
	FL＋0.6m	0.25未満	0.39	0.58

表2　マネキン付近の室内環境測定結果[1]
（測定高さFL＋0.6m）

	パーソナルファン風量		
	OFF	中	強
室温[℃]	27.3	27.6	27.7
相対湿度[%]	43	42	42
MRT[℃]	27.5	28.0	27.9
PMV*[−]	0.7	0.3	0.2

＊着衣量・代謝量は、それぞれ0.53clo、1.1metとした

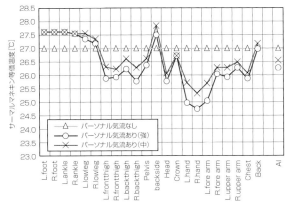

図3　サーマルマネキン等価温度[1]

［**4章**］

人間の行動を

考える

人間の行動に関する最新の研究成果を紹介する。特に居住者の
クレームから学ぶことは多い。人が快適と感じる要素、環境中の人の行動、
クレームの発生機構、新しい評価法などについて紹介する。

1 変動する環境と快適感・温冷感

1-1 快適、温冷感と履歴

温熱環境は、気温、湿度、放射温度、気流速の環境4要素と、活動量、着衣量の人体2要素により求められる。よく利用されているものであるが、これは一定の環境を再現した実験室実験で求められたものであり、行動履歴や、時間的に変化する非定常な環境での適用には限界もある。個人の感じ方も異なり、同じ環境でも汗をかきながら団扇(うちわ)であおぐ暑がりの人もいれば、その隣りでひざ掛けを使っている寒がりの人もいる。

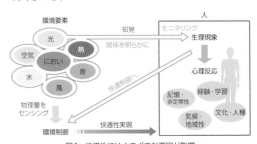

図1　快適性にはさまざまな要因が影響

実際に感じる暑さ・寒さには直近の活動状態や生理現象も影響を及ぼす。さらに個人ごとに異なる記憶、経験・学習といった影響因子もあり、快適で生産性の高い制御は非常に難しく、各個人間で異なり、また時々刻々変化する個人の温冷感を対象とした制御が重要となる。

室内の温度が変わったわけでもないのに、一日の中でも暑く感じるときもあれば、寒く感じるときもあると思い、一日の間の設定温度そのものを、人の好みに応じて変化させる制御を入れてみた(アジア経済研究所)。当時は十分な検証まではできなかったが、あらためて実験してみると、出勤時の朝方、少し温度を下げ、昼にかけて徐々に温度を緩和することが有効だとわかった。

世界中のメタデータを統計的手法で解析し、周辺環

図2　アジア経済研究所
自動制御システムで設定温度操作の時間・回数を記録して、1日の設定温度のパターンを修正し、より快適な温度のリズムをつくる。

アダプティブモデル
⇨82ページ

境の変化に対応したアダプティブモデル[1]が提案されている。ここでは月平均外気温度の変化が、快適だと感じる室内中立温度に影響することが示されている（82ページ・図2参照）。

人は一日の外気温度変化を日常生活で感じている。昼に外気温度が上昇することを経験的に知っており、夏の冷房時、外気温度が高い時間帯では室内環境に対する期待が緩和され、快適感を損なわずに設定温度そのものを緩和する可能性があることもわかってきた。これは、外気温度情報を与えることで、効果が高くなる。たとえうその情報でも外気温が上昇したという情報を与えることで、人は快適だと思う温度を高めに修正する可能性がある（図3）。

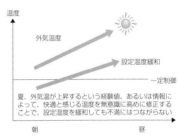

図3　人は外気温度に合わせて快適温度を修正する

建物に入る経路の温度変化が異なる場合、部屋の中の温度が同じでも体感する温冷感や快適感が異なることもわかった（兵庫県立芸術文化センター）。このときは、夏場の暑い気温から、生理反応を抑えながら緩やかに室温になじませてゆくことが、いったん、コールドショックを与えて冷やすより、快適につながるという結果だった。

図4　兵庫県立芸術文化センター
西宮北口駅（写真下方向）から外部通路を通って、エントランス、ロビー、ホワイエと通過するたびに少しずつ温度を緩和することで、ホールに着席したときに快適性が向上した。

2 クレームの瞬間をとらえる

2-1 クレーム研究の意義

快適の定義 ISO7730：2005
では熱的快適域の推奨値が3段階
に分類されており、カテゴリAで
は－0.2＜PMV＜＋0.2(不満
足者率6％未満)、カテゴリBで
は－0.5＜PMV＜＋0.5(不満
足者率10％未満)、カテゴリC
では－0.7＜PMV＜＋0.7(不
満足者率15％未満)をそれぞれ
快適環境としている。設計者は建
物の種類や用途に応じた室内温熱
環境の質を3段階のカテゴリから
選択できる。
アメリカ暖房冷凍空調学会
ASHRAEのStandard55－
2017では、SET*の基準によ
る不満足者率が20％未満となる
温熱環境を快適としている。

空調技術が建築に装備されて100年が経つという
のに、温熱環境に対する非受容申告(いわゆる空調ク
レーム)は後を絶たない。工学的に快適とは「不快で
ないこと」と定義され、快適の基準が不満足者率で定
義されている理由には、「集団のすべての人々を満足
させる温熱環境は存在しない」という考え方が根底に
ある。ゆえに、従来の空調設計の思想では人の個人差
や多様性をマイナス側にとらえるヒューマンファク
ターの認識が存在しており、オフィス等の空気調和で
は、平均的な仮想人物が満足する最大公約数的な快適
を目指してきた。

空調の最終目標である居住者全員が満足する環境を
創出するためには、個人により異なる快適性や嗜好を
尊重する姿勢が必要であり、人間は環境に適応する動
的な存在とするヒューマンファクターの肯定作用に着
目した設計思想、つまりヒューマンファクターデザイ
ンへの転換が求められる。ヒューマンファクターデザ
インを実現するためには、居住者の一人ひとりが環境
に対してどのような反応を示すのか、という調査が必
要になるが、従来のアンケート等の手法では忙しく働
きまわる執務者からの瞬間的な不満は顕在化されにく
い。実際に働く非定常状態の執務者が発する空調ク
レームは、ヒューマンファクターデザインを構築する
上できわめて重要なデータになるが、現実のオフィス
においては不満発生時の状況をとらえることは難し
く、不快側の意見に関する研究は疎かにされてきた。
そこで、執務者の机上に置いてクレームを簡単に記録
できる装置「オストラコン」を案し、非受容申告発
生時の詳細な調査を行うことで、ヒューマンファク
ターデザインに必要な機能について考察した。

オストラコン[ostracon]
⇨101ページ

4

人間の行動を考える

2-2 非受容申告装置「オストラコン」

集団申告型 集団申告型は、一日の室内温熱環境の印象を記録する。設置場所を通路の壁面等、オフィスの動線上とし、執務者に退社時に一回、一日の室内環境を総じて「受け入れられる(受容)・受け入れられない(非受容)」の二択で申告してもらう。従来のアンケート調査と類似した結果が得られるものと想定される。

個人申告1ch型 個人の机上に設置をして、執務者が温熱環境を受け入れられないと感じたときに上部のボタンを押し申告してもらう。

個人申告2ch型 申告ボタンを2個に増やすことで、1ch型における非受容の内容が「暑すぎて受け入れられないか」、あるいは「寒すぎて受け入れられないか」の見極めが困難である問題を解消した。

表1に示す装置[1] は、非受容申告の発生状況を詳細に補足するために、考案されたデバイスである。本装置の呼称として用いたオストラコンとは、古代ギリシャで追放者を選出する際に投票用紙のように使われた陶片のことを指すが、製作した装置も人知れず不満を簡単に表明する手段として、陶片と類似の機能を果たす。個人申告型オストラコンは机上に置いて、執務者が暑すぎてあるいは寒すぎて我慢ならない場合にボタンを押してもらうことで、不満発生時の時刻がオストラコン内部のパルスロガーに記録される仕組みとなっている。また、オストラコンには温湿度ロガーを取り付けているため、非受容申告発生時の机上における空気温度と相対湿度を確認することが可能である。その特徴として、執務者の自発的な申告を容易に記録可能であることから、アンケート調査等とは異なるデータが得られるものと期待を込めて開発された。

表1 オストラコン[1]

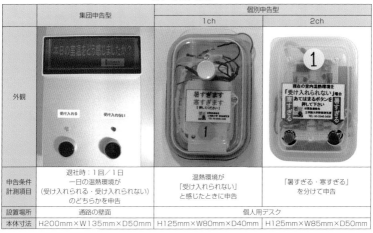

| | 集団申告型 | 個別申告型 | |
		1ch	2ch
外観			
申告条件 計測項目	退社時:1回／1日 一日の温熱環境が (受け入れられる・受け入れられない) のどちらかを申告	温熱環境が 「受け入れられない」 と感じたときに申告	「暑すぎる・寒すぎる」 を分けて申告
設置場所	通路の壁面	個人用デスク	
本体寸法	H200mm×W135mm×D50mm	H125mm×W80mm×D40mm	H125mm×W85mm×D50mm

2-3 非受容申告と環境

1) 集団申告型

　図1に一般的なパッケージ型空調機が導入されているオフィスにおける、「受容・非受容」の申告数と「非受容」を申告した執務者の割合を示す。全調査日において「受け入れられる」、「受け入れられない」という両申告が発生しており、多くの執務者が一日の温熱環境に何らかの不満を抱えている事実が確認された。

2) 個人申告型

　図2に個人申告型1ch型オストラコンがとらえた、さまざまなオフィスにおける夏期非受容申告時の室内温熱環境を示す。破線で囲まれた範囲はASHRAE Standard 55-2017における快適域であり、また背景の影は各オフィスの執務時間内における温熱環境分布であるが、執務者は一般にいわれる快適範囲におい

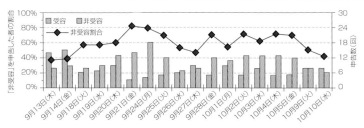

図1　集団申告型を用いた調査結果[1]

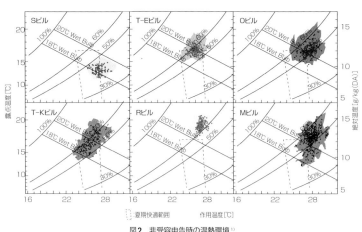

図2　非受容申告時の温熱環境[1]

ても多くの非受容を発していることが確認された。

　図3は着席検知装置と併せた調査結果であり、継続着席時間と非受容申告の関係を示している。1日・1人当たりの申告数は男性0.17回、女性0.60回と破線で示した女性の申告数が圧倒的に多い結果であった。申告の内訳を継続着席時間別に見てみると、「暑すぎる」申告は継続着席時間5分未満に頻発し、一方で「寒すぎる」申告は長時間着席時に発生しており、この傾向は特に女性で顕著であった。着席直後に「暑すぎる」申告が発生する理由として、女性は発汗による化粧崩れや汗染みを嫌うのもひとつの要因だと思われる。外部環境の温熱履歴に関する研究の発展が期待される。また長時間着席時においては女性の「寒すぎる」申告が増加傾向にあることから、室内環境に順応した後は、男女の着衣差により非受容申告が多く生まれると考えられる。

　上記の結果より考えられるところは、外部環境を経た温熱履歴の影響を抱えている執務者は空調に瞬発力を求め、一方で環境に順応している執務者は精緻な環境調整機能を求めている。この相反する2つの要求を一つの空間で解決することは難しいが、最近はクールスポットやパーソナル空調に関する数多くの研究成果が報告されている。人間を環境に適応する動的な存在として扱うことは、個人により異なる快適性や嗜好に関する問題解決が期待されるヒューマンファクターの肯定的なとらえ方であり、今後のヒューマンファクターデザインへの活用が期待される。

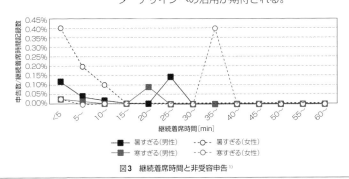

図3　継続着席時間と非受容申告[1]

3 オフィスにおける執務者の実態

3-1 執務者の着衣量

わが国における職場のドレスコードはスーツにネクタイ、あるいはそれに準ずる格好が一般的であったが、近年ではクールビズの導入や働き方改革にともない、ある程度の自由がきく風潮に変わりつつある。執務者はどのような動機で着衣を選択しているのか。仕事の生産性向上を第一に考えるのであれば、暑くも寒くもない服装が望ましい。しかし、実際の執務者の着衣はさまざまであり、厚着の男性からの「暑すぎる」や、薄着の女性からの「寒すぎる」といったクレームも発生している。そこで、本節では実際に働く執務者を対象にした着衣量に関する調査結果を紹介する。

1) 執務者の着衣量に関する調査結果[1]

図1に示すのは、2011年から2016年にかけて、著者らが調査した9事例のオフィス1,590人における着衣量に関するアンケート結果をまとめたグラフである。男性と女性では着衣の傾向がまったく異なる点が興味深い。夏期と秋期では、男性はクールビズ(0.56clo)または長袖ワイシャツ1枚(0.68clo)付近に二山の分布がある形状であるのに対して、女性は衣服の選択幅が広く、着衣量の分布が多峰性の形状であった。冬期に関しては、カーディガンやジャケットの着用も散見され、男性においても着衣の選択幅が広がる傾向を確認した。また、女性は男性と比較して薄着を好む傾向にあった。

2) 着衣選択の動機

着衣の差異の理由としては、女性は発汗による化粧崩れや汗染みを気にして薄着を好むという意見もある。しかし、着衣の役割としては温冷感の調整といった実用機能のほかにも、スーツの着用により自信がもてるあるいは仕事への気力が高まるといった心理機能や、自身の立場や権威を誇示する機能、社会的規範に従うための他者への配慮といった機能が存在する。ま

た、異性の目を引くためのアピールポイントとしても
着衣の役割は大きいだろう。

　従来の空気調和設計では代表的な人間の着衣量（夏
期0.5clo、冬期1.0clo）を想定し、熱的快適性を評
価しているが、現実のオフィスにおける衣服選択の動
機はさまざまであり、その重みも相対的に変化するた
め着衣量に関して客観的な標準を規定するのは難し
い。

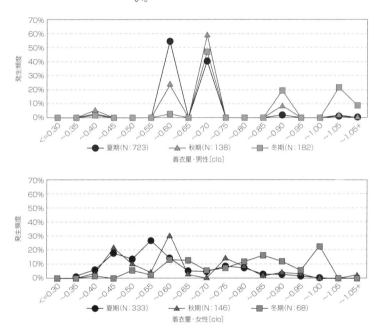

図1　オフィスにおける執務者の着衣量の分布（上：男性、下：女性）[1]

3-2 執務者の代謝量

真夏の炎天下を歩いていると、立ち止まった瞬間に汗が吹き出るというのは、誰もが経験することだろう。これは、立ち止まることで人体からの対流による熱放散が抑制されるので、歩行運動により増加した熱生産を汗の蒸発による熱放散でカバーするという現象である。この、単位時間当たりに人体から放散されるエネルギー量を建築環境工学の分野では代謝量と呼び、メット[met]という単位が使用されている。表1に一般的な執務作業に対する代謝量と、その際に熱的中立となる要求温度を示す。例えば夏期の場合、オフィス内を歩き回る際の要求温度は21.4℃であるが、椅子座読書時では26.1℃となり、その差は4.7℃になる。当然、代謝量の異なる執務者間の温熱感の齟齬は発生する。非受容申告装置「オストラコン」を用いた調査においても、「暑すぎる」クレームは着席直後に頻発し、一方で「寒すぎる」クレームは長時間の着席時に発生していた（103ページ・図3参照）。

1) 執務者の代謝量に関する調査[1]

図1に示すのは3事例のオフィス86人を対象に実施した、小型の活動量計（計測間隔：10秒）を用いた代謝量に関する調査結果である。ここでは瞬時値から5時間移動平均までの分布を比較した。移動平均期間を長くとると1.1metに分布が集まる結果は、従来の熱的快適性の判断基準に平均的なオフィスで働く執務者の代謝量として与える1.1metの条件と整合する。その一方で、移動平均の期間が短いと分布の両端が増加する結果は、短期的にみると代謝量の高い執務者と低い執務者が同一空間に混在している事実を示している。

従来の空気調和設計では、代謝量1.1metの平均的な執務者が満足する環境を標榜しているが、温熱環境に対するクレームは根絶しない。今後はクールスポットといった採涼空間や、パーソナル空調等、ヒューマンファクターの肯定作用を活用した設計がなされるこ

代謝量の定義　椅子座作業時における人体からのエネルギー放熱量に対する比を代謝量といい、メット(met)という単位で表す。1metは人体表面積当たりの放熱量で表すと58.15W/m²と定義されている。

オストラコン[ostracon]
⇨101ページ

活動量計　人が活動を行ったときの代謝（エネルギー消費）を測定する計器。

とで、多様なオフィスの使い方や執務者一人ひとりの
快適性に対する受容度合いの齟齬に関する問題解決が
期待される。

表1に示す要求温度は、PMVの
快適方程式に着衣量（夏期：0.5
clo、冬期：1.0clo）、代謝量、
風速0.1m/s、相対湿度50%
を入力し、PMV＝0となる作用
温度（乾球温度と平均放射温度が
等しい値）として算出した。

表1　一般的なオフィス作業における代謝量と要求温度

個別申告型	代謝量[met]	要求温度[℃]	
		夏期	冬期
椅子座読書	1.0	26.1	23.3
椅子座ワープロ	1.1	25.4	22.5
椅子座ファイル整理	1.2	24.8	21.6
立位ファイル整理	1.4	23.4	19.9
歩き回る	1.7	21.4	17.3
梱包作業	2.1	18.8	14.4

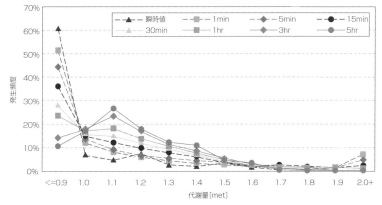

図1　オフィスにおける執務者の代謝量の分布 [1]

3-3 執務者の要求温度

室内温熱環境の条件はどのように定めるべきか。従来の空調設計では、複数の人間を普遍的な集団としてとらえることで、空間の用途ごとに最適な温熱環境の提供を目指してきた。オフィスにおいては代表的な人間の特性を代謝量1.1met、着衣量(夏期：0.5clo、冬期：1.0clo)としたうえで、快適な温熱環境の理論的平均値を全体に課すものとして理解されてきたが、温熱環境に対するクレームは後を絶たない。本節では実際のオフィスで働く執務者の要求温度の分布を紹介し、一般的な大部屋執務空間に対する温熱環境の設計数値目標と執務者の熱的な不満が発生する背景について考察したい。

1) 執務者の要求温度[1]

図1に着衣量と代謝量の調査結果をベースに算出した、個々の執務者が熱的中立を実現するために必要とする要求温度の分布を示す。

夏期において、女性は男性用のズボンと比較すると着衣量の低い七分丈スラックスやスカートの着用が散見されるため、男性と比較すると高温側がやや広い分布となっている。また、要求温度の分布は低い側に歪む非対称の形状である。従来のオフィス等における室内温熱環境の設計条件は、複数の居住者が熱的に中立と感じる物理環境が正規分布に従うと仮定することで、その包括的な特性を満足させる平均値を設計数値目標に掲げてきたと思われる。

しかしながら、実際のオフィスにおける要求温度の分布は低い側に歪む非対称の形状であり、その平均値は一般的なオフィスにおける温度の設定値(26〜27℃)よりも低い傾向を示した。一方で、代表的なオフィス空間を想定して男女比を7：3に仮定した際の要求温度の分布のピークが26.9℃であることから、従来使用されてきた温度設定の目標値は、複数の居住者が熱的中立を実現するために要求する温度の平均値ではなく、実際は最頻値を設備技術者が経験的に選択して

要求温度 図1ではPMVの快適方程式に調査対象者の着衣量と代謝量の実測値を入力し、さらに風速0.1m/s、相対湿度50％とした上で、PMV＝0となる作用温度(乾球温度と平均放射温度が等しい値)を要求温度として示している。ここで使用した、着衣量と代謝量の実測値とは、前述の3-1、3-2に示している結果である。

オフィス環境の男女比 総務省「事業所・企業統計調査」では、わが国におけるオフィスワーカーの男女比は約7：3であることが示されている。図1では、男性と女性の要求温度の分布に対して、わが国のオフィスワーカーの男女比で加重平均した分布を示した。

きたのだと思われる。要求温度の最頻値を設計数値目標にする弊害としては、たとえ空間的に均一かつ時間的に一定の温熱環境が実現できたとしても、居住者からの「暑すぎる」非受容は「寒すぎる」非受容よりも多く発生し、ときには強いクレームに発展することが予想される。

冬期に関しては23〜26℃に広く分布しており、夏期のような顕著なピークは見あたらない。一般的なオフィスにおける室温は23℃程度と若干低い値で運用されることが多いが、この背景には断熱性・気密性が低いわが国の建築事情も影響しているのではなかろうか。

本節では、執務者の要求温度の分布という視点から熱的な不快が発生する背景について考察した。要求温度の分布を理解することは、室温の設定値に対するパーソナル空調の環境制御範囲の合理的な検討も可能になる。今後はヒューマンファクターに関わる技術を活用することで、執務者の一人ひとりの要求温度の齟齬に関する問題解決が期待される。

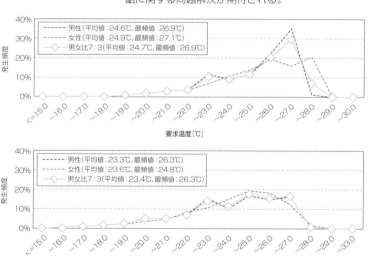

図1　オフィスにおける要求温度の分布(上：夏期、下：冬期)[1)]

4 オフィスの新しい温熱環境評価

4-1 温熱環境の均斉度

本節で紹介している4か所の建物における空調方式を以下に示す。

1) 躯体蓄熱放射空調
逆梁工法によるスラブ現し天井内に冷温水配管を埋設することで、躯体蓄熱放射空調を行うTABS（Thermally Activated Building System）が採用されている。

2) 全面床吹出し空調
空調機により温湿度調整された空気を二重床内に吹き出し加圧することで、空調空気をOAフロアカーペット全面から染み出す、全面床吹出し空調が採用されている。

3) パッケージ方式A
一般的な天井隠蔽型のマルチパッケージ型空調機が導入されており、執務者は室中央に設置されたリモコンを操作することで設定温度と風量・風向の変更が可能である。また、吹出し口の形状は角型アネモである。

4) パッケージ方式B
天井隠蔽型のマルチパッケージ型空調機（吹出し口形状：角型アネモ）であるが、風量と風向のみ変更変更が可能であり、設定温度に関する操作は制限されている。

DR [Draft risk] 気流に対する不満足者率を示す指標で、以下の式で表される。

$$DR = (34 - t_a)(V - 0.05)^{0.62}$$
$$(0.37 \cdot T_u + 3.14)$$

$$T_u = 1.00 \cdot \frac{V_{sd}}{V}$$

DR：ドラフトに関する不満足者率 [%]
T_u：乱流強度 [%]
t_a：空気温度 [℃]
V：風速 [m/s]
V_{sd}：風速の標準偏差 [m/s]

放射空調
⇨ 144ページ

空調方式による室内環境の質の違いが存在することが推察されていても、それを実際に比較・評価するのは難しい。温熱環境の空間的な不均一や時間的変動をともなう実際のオフィスにおいては、その度合いを示す手法が確立されていないため、空調方式ごとの室内温熱環境の快適性は執務者の印象から定性的に評価されている。ここで紹介するのは、空調方式の異なる4か所のオフィスにおける夏期の温熱環境を平面的に計測した調査結果であり、また温熱環境の経時変化と偏在をリサージュ的に示すことで視覚的に比較可能とした新しい手法についても述べる。

1) 風速とDR（気流に対する不満足者率）[1]

図1に各測定点における風速の1時間平均値に対するDRの関係をバブルチャートで示す。それぞれの空間において、風速は0.10m/s以下に分布が集中しているが、パッケージ方式の建物においては、局所的に風速が高く、また気流の乱れの影響からDRが高くなる時間が存在することを確認した。

2) 等価温度[1]

図2に代表日2日間における等価温度の平均値の経時変化を示す。パッケージ方式においては、早朝に空調が稼働すると同時に等価温度が下降し、夜間は空調停止にともない上昇しているが、執務時間中の上下変動は他のシステムと比較して顕著に大きいことがわかる。これは、執務者による設定温度変更操作のほかにも、低負荷運転時において室外機が発停を繰り返すことも要因の一つである。全面床吹出し空調と躯体蓄熱放射空調については、執務時間中の等価温度の変動は小さいが、どちらも躯体現しによる熱容量の大きい建物であり、特に躯体蓄熱放射空調においては執務時間外の夜間から下降を始め、早朝に最も低い値を記録した後に正午過ぎにかけて上昇する動きとなっている。

4 人間の行動を考える

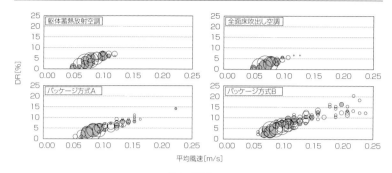

図1　風速とDR

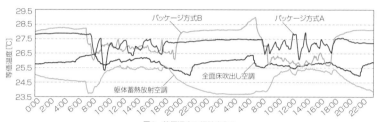

図2　等価温度の経時変化[1]

等価温度　等価温度とは、評価対象の環境における人体からの顕熱損失と等量の顕熱損失を生じさせる、均一な仮想環境の温度と定義される。均一な仮想環境とは、静穏気流環境において、空気温度と平均放射温度が等しいかつ上下温度分布のない温熱環境である。

ここで紹介している等価温度は以下に示すMadsenの式を用いて算出した。

$$t_{eq} = 0.55 \cdot t_a + 0.45 \cdot t_r + \frac{0.24 - 0.75\sqrt{V}}{1 + I_{cl}}(36.5 - t_a)$$

t_{eq}：等価温度 [℃]
t_a：空気温度 [℃]
t_r：平均放射温度 [℃]
I_{cl}：着衣量 [clo]

着衣量は夏期の標準として、0.5 cloを用いて算出した。

これは、執務時間外の冷水供給停止後であっても、執務時間中に蓄熱された躯体が人体・照明・機器負荷の少ない室内に放熱を続けるからであり、一方で早朝から正午過ぎにかけた温度上昇後に安定状態に転ずるのは、冷水の供給開始後であっても躯体蓄熱を介する放射空調は室温変化の時定数が大きいためと思われる。

3) スタビリティチャート[1]

図3に示すのは代表日1日における空間分布と時間変動を表現したグラフであり、温熱環境の安定性を評価できるためスタビリティチャートという名称をつけた。スタビリティチャートの横軸は「各時刻における等価温度実測値の平均値と設定値の乖離」を、縦軸は「各時刻における等価温度実測値の標準偏差」を示している。スタビリティチャートでは左右に振れるほど温熱環境の時間変動が激しく、上部に位置するほど平面的な偏在が大きい空間であると評価できる。

躯体蓄熱放射空調を除いて、執務時間外の空調停止時には等価温度は設定目標値よりも高い側に乖離しているが、平面的な標準偏差は小さい右下の位置に分布

が集中している。空調稼働時の日中は、等価温度が設定目標値付近に推移するのと同時に平面的な標準偏差は大きくなるが、特にパッケージ方式についてはその傾向が顕著であり、さらに設定目標値との乖離は暑い側から寒い側にかけて大きく変動していた。一方で、躯体蓄熱放射空調と全面床吹出し空調の建物においては、空間的に均一で時間的に一定の非常に安定した温熱環境を形成していた。また、躯体蓄熱放射空調においては早朝に最も低い側に位置しており、正午過ぎにかけて平面的な分布は小さいながらも緩やかに上昇する動きとなっている。この推移は躯体蓄熱を介する放射空調の典型的な特徴であると思われる。

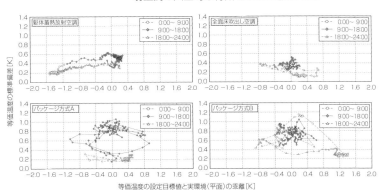

図3　スタビリティチャート[1]

4) 今後の空調方式の選択のあり方

　　パッケージ方式においては、空間的な不均一と時間的変動の程度が大きい結果が示された。したがって、たとえ居住空間の平均的な温熱環境が快適域であったとしても、パッケージ方式が導入された空間では「暑がり」や「寒がり」といった熱的感受性の高い執務者が熱的偏在のある位置に配置される可能性が、放射空調や全面床吹出し空調より高まり、これは空調の本義である「不快の排除」といった視点では受容性の低下につながると解釈できる。一方で、居住者のウェルビーイング（身体的、精神的、社会的に良好な状態にあること）に主眼をおいた評価が近年注目されている。そのスタンダードであるWELL認証の温熱快適性のカ

WELL認証
⇨64ページ

テゴリーにある「Optimization：さらなる快適性を
実現するための項目」にはフリーアドレス制に関する
基準があり、a) フロア間、部屋間または同一フロア
内で最低3℃の温度幅をもたせること、b) 類似の作
業を行っているオープンプランのオフィスでは、少な
くとも席の50％について温度環境を自由に選べるフ
リーアドレスとすること、の両条件を満足することで
快適性が向上するとしている。したがって、パッケー
ジ方式等、熱的なムラが生じやすい空調システムにお
いても、ヒューマンファクターを活用して温熱環境の
不均一をあえてデザインすることができれば、居住者
の健康性・快適性向上への有効な手段になる。

　また、TABSは省エネ性と快適性が両立できるシ
ステムとして期待がされているが、温熱環境が時間的
に変動する傾向については、建築設備技術者と居住者
の双方が理解しておく必要がある。TABSにおいて
は個人の温熱環境を自由に調節できるシステムとの併
用が効果的であると思われ、例えば、放射空調の静穏
な気流環境下においては対流型パーソナル空調の環境
選択幅が増大する結果も報告されている。このように、
今後の空調方式の選択のあり方として、温熱環境の空
間分布と時間変動が居住者に受容される新たな手法が
求められる。

4-2 新しい環境評価法

ヒューマンファクターの活用により、温熱受容性の向上が期待される放射空調とパーソナル空調であるが、温熱環境の空間的な不均一や環境選択権（周囲の温熱環境を個々の嗜好に合わせて調整できる権利）の有無を評価する手法は確立されておらず、いまだに主流の空調システムとして定着はしていない。室内温熱環境の受容性は、空調システムが提供する温熱環境の均斉度に加えて、執務者各人の着衣の嗜好や代謝量の相違による至適温度の齟齬、さらにタスク域における温熱環境の選択幅が複雑に絡み合うことで形成されると思われるが、人間を静的な存在としてとらえ、さらに居住空間の熱的な特性を平均値として便宜的に仮定する従来の手法では、温熱環境の質や環境選択権の評価は難しい。そこで、実際の執務環境のように、人間を動き回る動的な存在としてとらえ、さらに温熱環境の空間的な不均一性や時間変動についても考慮された、新しい評価法の概念を考案した。この評価法は従来扱いが難しいとされていた執務者が自由に温熱環境を調整できるパーソナル空調の評価や、放射空調のような温熱環境の均斉度に特徴がある空間の評価に適用できるものと考える。

1）P-Rチャート（確率論的温熱受容性評価法）[2]

図1と図2に示す評価法の特色は、執務者が熱的中立を実現するために必要な要求温度の分布と、執務者が存在する可能性のあるエリアの温熱環境（環境温度）の分布に対して乗法定理を用いることで、一人ひとりの温熱環境に対する心理量を確率論的に扱う点である。当該理論の特徴は確率論的に温熱受容性を評価する点であるが、白線で示した中立線は環境温度と要求温度が等しく、この線上に位置する執務者は熱的に中立であり、室内温熱環境に満足していることを意味する。一方で、例えば代謝量や着衣量が高く、要求温度が低い（例：23℃）執務者が20%存在している場合を考える。環境温度に分布があり、高い（例：27℃）場

環境温度 環境温度とは、在室者が存在する可能性があるエリアの温熱環境を定量的に示すための指標で、実際に評価する室内環境と温熱的に等価な条件（風速0.1m/s以下、相対湿度50%、平均放射温度＝空気温度）の仮想環境の空気温度として定義する。評価対象空間に導入されている空調システムや温熱環境の設定目標値により、環境温度の分布は異なる形状をとる。

要求温度 要求温度とは、在室者個々が熱的中立を実現するために室内温熱環境に要求する環境の温度として定義する。ここでは在室者個々の着衣量と代謝量からそれぞれが熱的に中立と感じる環境温度として定義した。したがって、要求温度の分布は、評価対象空間で働く執務者の業務形態（デスクワークが多いか、あるいは外回りが多いか、等）や男女比、着衣の制限等により異なる形状となる。
⇨ 100ページ

P-Rチャート ここで提案している受容性の評価法は、環境温度（Provided Temperature）と要求温度（Required Temperature）を用いることから、両者の頭文字をとってP-Rチャートと名づけた。

所が10%の確率で存在すると、要求温度が低い執務者20%と高い環境温度の存在確率10%を掛け合わせた2%程度の執務者が室内温熱環境を暑く感じ、不満をもつ可能性があると評価できる（図1左）。また、放射空調を採用した居住空間の場合は、環境温度の偏在が少なくなるため、熱的な不満が発生する確率は減少することが予想される（図1右）。パーソナル空調を備えた場合は、環境選択権により、執務者自身が環境温度を要求温度に合わせるようにコントロールできるので、温熱環境に関わる非受容は大きく減少すると思われる（図2左）。これは、パーソナル空調の環境制御範囲に応じてP-Rチャート上の熱的中立域が拡大するととらえて評価することもできる（図2右）。

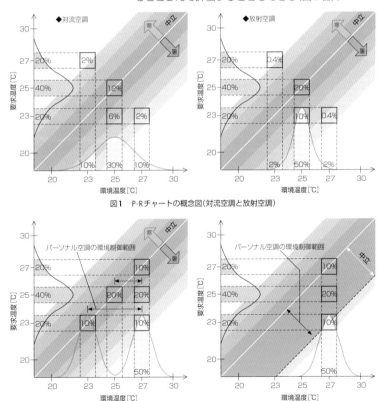

図1　P-Rチャートの概念図（対流空調と放射空調）

図2　P-Rチャートの概念図（パーソナル空調）[2]

評価対象建物について 110
ページで述べた、全面床吹出し空
調の建物と、パッケージ方式Bの
建物を対象に評価した。
評価対象対象建物の環境温度は等
価温度を用いた。
要求温度については109ページ
図1の夏期における一般的なオ
フィスを想定した分布を使用し
た。

Unconformity Index(UCI)
UCIは環境温度Pと要求温度R
が完全に等しくなるP＝Rの線形
モデルからの残差平方和として定
義される。したがって、UCIの
値が大きいほど、環境温度Pと要
求温度Rの乖離が大きく、要求温
度の低い執務者が環境温度の高い
位置に配置される確率、あるいは
要求温度の高い執務者が環境温度
の低い位置に配置される確率が上
がると評価できる。

2) 実際の建物における適用[3]

図3と図4に示すのは、パッケージ方式の一般的な
対流空調の空間と、全面床吹出し空調の空間をP-R
チャートにより評価した結果である。

全面床吹出し空調の空間においては、環境温度の偏
在が小さいため、要求温度に近い環境温度の位置に多
くの執務者が配置されていることがわかる。一方で、
一般的な対流空調では、環境温度の偏在が大きいため、
要求温度とは異なる環境温度の位置に執務者が配置さ
れる可能性が高まり、これは空調の本義である不快の
排除といった視点では受容性の低下につながると評価
できる。また、要求温度と環境温度との差を表す指標
として定義したUnconformity Index(UCI)は、パッ
ケージ方式が9.4であるのに対して、全面床吹出し方
式は7.0となり、全面床吹出し空調が形成する空間の
値が小さい結果となった。つまり非受容者が少ない空
間といえる。

3) 今後の展望

本節では、P-Rチャートにより、要求温度分布と
環境温度分布から受容度を評価する方法を示した。均
斉度の高い温熱環境に対する受容性は高く評価された
が、一方でヒューマンファクターを活用し、空間内に
温熱環境の不均一をあえてデザインする手法は、幅広
い要求温度をもつ執務者からの非受容を根絶する有効
な手段となる。ヒューマンファクターを活用する場合、
人間の行動シーケンスに配慮した温熱環境の設計がな
される必要があるが、今後はP-Rチャートに関する
研究がさらに深まることで、クールスポット等の採涼
空間やパーソナル空間に必要な能力あるいは、室内の
理想的な温度分布を合理的に決める手法の構築が期待
される。

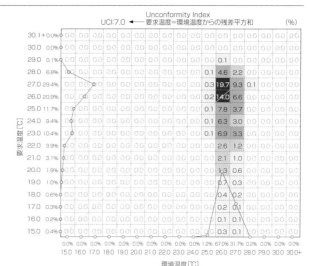

図3　P-Rチャートの結果（全面床吹出し空調）

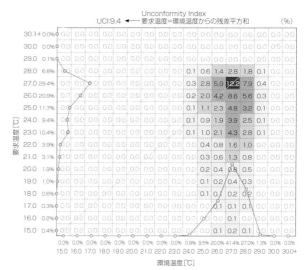

図4　P-Rチャートの結果（パッケージ方式）[3]

5 人間の行動

5-1 自己効力感とクレーム

1) 与えられた環境と獲得した環境

　高性能な空調システムと自動制御で快適と思われる温熱環境に整えられたオフィスにおいても、執務者からは暑い寒いのクレームが発生する。一方、自由意志に基づき過酷な温熱環境であるサウナ風呂に入っている人や、ビーチで肌を焼きながら寝そべる人は、暑すぎる環境を楽しんでいるようでもある。この違いは、前者は他者から与えられた環境で、後者は自らが選択し獲得した環境であるところが大きい。これは極端な例だが、同じ物理環境下においても、与えられた環境と獲得した環境では、執務者が感じる意味合いが異なる。

　また、オフィスにおける中庸な温熱環境においても、執務の効率と省エネなどを勘案して会社がよかれと思って提供した室内温熱環境下では、執務者はクレームを発する。一方で、同一の温熱環境でも執務者がエアコンのリモコン操作で調節した結果では、クレームが少ないと聞く。

　それぞれの事例で、前者では執務者に環境を選択する権利はなく、後者には付与されている、というだけの違いであるが、これが空調の最も厳しい評価であるクレームの発生を左右する。この「環境選択権」は、人間の心理の複雑さを物語ると同時に、上手にデザインすれば多くの可能性を見出すことができる。

2) 自己効力感

自己効力感 [self-efficacy]
A.Banduraが提唱した心理学の学説。

　自己効力感とは、行動した結果を確信する能力を指す。火渡り修行では、常人はやけどを心配して動揺するが、自己効力感が発現する行者は冷静に歩を進めて無事に火を渡る。「心頭滅却すれば火も亦涼し」という悟りの境地は、この自己効力感が関係しているのかもしれない。

　火渡りのような過激な事象でなくても、日常におい

ても自己効力感は散見される。例えば「団扇であおぐ
と涼しく感じる」という事例では、団扇を動かす→風
が起こる→体表面における蒸発や対流熱伝達が促進さ
れる→涼しく感じる、という一連のシーケンスが経験
によって植え付けられているために、団扇を使った効
果を確信する自己効力感が発現する。エアコンのリモ
コンも同様で、設定温度を下げると間もなく涼しくな
るというメカニズムに寄せる期待と確信が、設定を変
更する人に自己効力感を発現させる。

　ところが、扇風機の風をやみくもに他人に当てられ
た場合や自分の意見が反映されない空調では、自己の
行動とは無関係な結果が生じるので、自己効力感は発
現せず、受容度は低下する。

　したがって、ヒューマンファクター建築の環境設計
においては、環境選択権の行使により温熱環境を任意
に変更できるという機能が要求され、在室者はその機
能を十分に理解して初めて自己効力感を感じるように
なる。

3) 自己責任

　在室者に環境選択権があり、それが十分に理解され
たときに自己効力感が発現するが、在室者に環境選択
権を与えるということはある種の裁量権を各自に付与
することにほかならない。裁量権を与えるということ
は、すなわち自己の責任において判断を任せるという
意であり、オフィスにおいては執務者は従来余計なこ
ととされてきたアクションをあえてすることになる。

　これを肯定的にとらえるかどうかは意見が分かれる
ところだが、自己効力感は能動的な働き方を支える大
きな要素であり、将来のオフィスではこのような雰囲
気の醸成が重要になるだろう。

5-2 調整行動

1) 少数者意見と総意 [1]

　イギリスの法学者Jeremy Bentham（1748-1832）が提唱した「最大多数の最大幸福」という普遍的概念を空調にあてはめると、少数の敏感な在室者の不満よりも、鈍感な多数者の消極的賛同が優先される。しかし、状況によっては少数の非受容者のクレームは全体に波及し、「総意」となって定着することがある。

　通常、オフィスでは在室者間でさまざまなコミュニケーションがある。少数の非受容者のクレームは不満をもたない者たちの多数意見に従いがちで、これを社会心理学ではコンフォーミティ（同調）という。その反対に、強硬な少数意見に多数が引きずられる現象もときとして見られ、これをマイノリティ・インフルエンスという。オフィスなどで実施する居住後評価のアンケートではこれらの影響を排除できないので、クレームの本質をとらえることは難しい。

　温熱環境において他者の意見や行動から各自が受ける影響を知るために行った被験者実験 [1] では、大学生年齢の日本人男性では前者が圧倒的に強く、女性は後者の傾向が比較的強かった。この実験は環境試験室内に4名ずつの被験者を他者が見えないように座らせ、室温を被験者に知らせずに非常にゆっくりと上昇・下降させた際に、着衣を三段階で自由に重ね着させて調

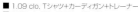

■ 1.09 clo, Tシャツ+カーディガン+トレーナー
■ 0.77 clo, Tシャツ+カーディガン
■ 0.55 clo, Tシャツ

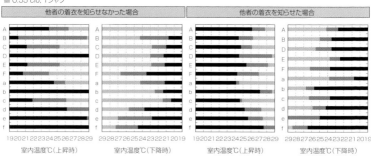

図1　着衣の調整行動（A～F: 男性、a～f: 女性）[1]

整する様子を観察したものである。図1の左側は他者の着衣を知らせない状況で実験した結果で、男女ともかなりばらばらのタイミングで脱ぎ着している。同じく右側は他者の平均的な着衣状況をディスプレイの情報によって知らせた場合で、男性はみごとに同期していた。

2) 空調の必要性の階層[1]

米国の心理学者Maslow(1908-1970)は、図2のような必要性の階層を提唱している。これを空調にあてはめてみると、健康被害を防止するための広義の室内温熱環境は図中の最下層の「生理的要求」にあり、タスクを遂行するための環境は上方の「尊厳要求」あるいは最上位の「自己実現要求」に対応すると思われる。例えばオフィスにおける「尊厳要求」は、上司や同僚からリスペクトを受けるにふさわしい仕事をする上で必要と考える要求レベルであり、「自己実現要求」は仕事に生き甲斐を感じるためのレベルである。オフィスではSECIモデルで示されるようにさまざまな知的作業をランダムに行っているので、空調に対する要求も生理的要求から自己実現要求のレベルまで常に複雑に変化する。このターゲットの変化はヒューマンファクターそのものであり、従来の空調の概念にはない。

SECI(セキ)モデル　知識には暗黙知と形式知の2つがある。暗黙知とは個別の経験を通して得られる信念や思いを含んだ主観的な知識であり言語化しにくいという特徴がある。一方で形式知とは、普遍の言語や数値によって表現できる客観的な知識である。新たな知識が創造されるためには、暗黙知と形式知を個人・集団・組織の間で相互に絶え間なく変換・移転する必要があり、そのプロセスのフレームワークを示したものがSECIモデルである。

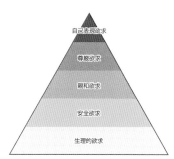

図2 Maslowの「必要性の階層」

5-3 空気質（CO_2）と行動

　マスクをつけると頭がボーっとする、あるいは眠気が増すという経験はないだろうか？

　実はマスクをつけると、吸っている空気のCO_2濃度は5,000ppmにも達する。ppmとは百万分の一を示し、5,000ppmは0.5％に相当する。このCO_2濃度が高くなるのは自身の吐く息、呼気が原因だ。呼気のCO_2濃度はおおむね40,000ppmで、マスクをすることで、濃度が薄まりにくくなる。

建築基準法施行令第129条の5
建築物における衛生的環境の確保に関する法律施行令第2条

　建築基準法や建築物における衛生的環境の確保に関する法律（ビル管理法）では、室内のCO_2濃度の上限を1,000ppmとしているが、この基準をはるかに超えており、基準を守ったところで、マスクをつければ台無しになる。

　CO_2濃度の上限値は、ドイツの衛生学者Pettenkoferが1,000ppmを許容濃度とみなすと提言したことにより定められたそうだが、生理学的研究によると、5,000ppm以上で呼吸系統に付加的な重荷を負わせるものの、それ以下では目立った障害はないとされてきた。

プロダクティビティ[product-ivity]　生産性。生産力。
⇨62ページ

　一方、室内環境の質の向上に関する評価指標としてプロダクティビティ（生産性）という概念がある。そこで室内のCO_2濃度と生産性の関連性を考えてみる。人体に危険な影響を及ぼさない程度のCO_2濃度であっても、生産効率や学習効率などに影響を及ぼす可能性があり、ひょっとすると、講義中、眠っている学生をチラホラ見かけるのは、講義がつまらないわけではなく、教室内の空気環境が悪いからかもしれない。

　実験室で、温度や湿度など他の環境因子を変化させずにCO_2濃度のみを変化して、被験者実験を行ってみた。その結果、空気環境に対する満足度は変化せず、つまりCO_2濃度の変化を知覚しなかったにもかかわらず、CO_2濃度上昇にともない眠気度、倦怠感は増し、集中度が落ちた（図1）。血流中の組織酸素飽和度（TOI）が低下するという生理反応も見られ、同時に、入力文

字数も減少し作業効率が低下、生産性にも影響することがわかった(図2)。

　学校施設において、教室内CO$_2$濃度と学習効率も調べてみた。すると教室内CO$_2$濃度が高くなると、知的作業が必要な図形テストの結果が下がる傾向となった(図3)。

　CO$_2$は無味無臭であるがゆえに、気がつきにくい。温度や湿度には敏感に反応しても、空気質には思いが至らない場合が多い。絶えず摂取している空気に、もう少し意識を高くもちたい。

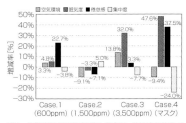

図1　作業前後の知覚や眠気、倦怠感、集中度の変化[1]
CO$_2$濃度が上昇しても空気環境に関する満足度に大きな変化はなく、上昇を知覚していないにもかかわらず、眠気度、倦怠感は増し、集中度が落ちる。

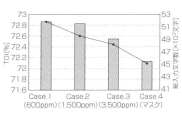

図2　作業量(総入力文字数)とTOIの関係[1]
TOIは血流中の組織酸素飽和度を示し、脳循環状態を把握することができる。CO$_2$上昇にともない、TOIが減少し、生理的な変化が現れ、同時に作業量が減少する。

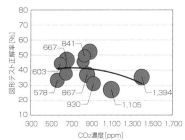

図3　教室内のCO$_2$濃度と学習効率[2]
教室内CO$_2$濃度が高くなると、知的作業が必要な図形テストの結果が下がる傾向となった（○の大きさは解答数を示す）。

5-4 ナッジ

ヒューマンファクターデザインの一つとして、行動経済学の手法である「ナッジ」を環境負荷低減や省エネにつなげる試みが注目されている。

1) ナッジとは

英語では、「nudge」は肘で突く動作を表し、「そっと促す、そっと後押しする」という意味となり、行動経済学の分野では、情報発信等によって人々により好ましい選択や行動に誘導する手法のことを指す言葉となっている。2010年には、英国政府が内閣府の下にナッジユニットを発足させ、2014年には米国科学技術政策局が社会・行動科学チームを発足させるなど、「ナッジ」により、人々の行動変容を直接促す取組みが行われ新たな政策手法として着目されている。

2) 日本版ナッジ・ユニットと環境省の推進事業

日本においても、環境省が平成29年4月に「日本版ナッジ・ユニット」を発足するとともに、平成29年度低炭素型の行動変容を促す情報発信(ナッジ)による家庭等の自発的対策推進事業の採択案件を公表した。日本版ナッジ・ユニットは、関係省庁や採択事業者、産業界や専門家等からなる産学官連携で、構成メンバーは今後随時募集・追加される[1]。

3) 環境省「平成29年度低炭素型の行動変容を促す情報発信(ナッジ)による家庭等の自発的対策推進事業」

環境省では、「家庭・業務・運輸部門等のCO_2排出実態に係るデータを収集、解析し、個別の実態を踏まえた形で個々に情報をフィードバックして低炭素型の行動変容を促すといったCO_2排出削減に資する行動変容のモデルを構築すること」、「地方公共団体や米国エネルギー省、ハーバード大学等との連携の下、当該モデルのわが国への持続的適用可能性の実証や、わが国国民特有のパラメータの検証を実地にて行うこと」を目的とした自発的対策推進事業を行っている。特に「CO_2排出削減の観点から、持続的・中長期的に、適

用可能であるかの検証することが必要」としている[2]。

表1に、採択された3事業を示す[3]。

4) オフィスの省エネへの応用

ナッジは、家庭の電力省削減の手段としての位置づけが大きいが、オフィス等にも応用できるものである。例えば、省エネ技術の一部として位置づけられている人感センサなどによる自動消灯やエネルギーの見える化もナッジの一種と考えられる。河野等[4]は、オフィスにおけるナッジについて、Thelar等[5]の選択アーキテクチャーの基本原則に従った整理を行っている。表2にそれらの一覧を示す。

表1 「ナッジによる家庭等の自発的対策推進事業」に採択された3事業

課題名	概要
家電・自動車等利用におけるナッジを利用した低炭素型行動モデルの構築	1)家庭のエネルギー消費レポートの郵送実証(6万世帯対象)およびスマホアプリによる情報配信実証(2千世帯対象) 2)車両の加減速や等速性による燃費改善効果を評価するモデルの構築およびスマホアプリ等のエコドライブ情報配信実証(約2千名対象の予定)
生活者・事業者・地域社会の「三方良し」を実現する日本版ナッジモデルの構築	1)家庭向け省エネレポートによる「B2Cナッジ」事業 2)学校教育アプローチによる「B2E2Cナッジ」事業 3)事業所および従業員アプローチによる「B2B2Cナッジ」事業
地域エネルギー会社を核とした地域主導型低炭素行動変容モデルの開発普及事業	1)地域内での光熱費比較情報、家電別電力消費情報等の「見える化」ナッジの効果を検証 2)電力・非電力・交通分野における情報収集とこれらの情報提供効果を検証

表2 ナッジの基本原則とオフィスの省エネ手法の具体例(文献4より作成)

基本原則	解説および具体例
デフォルト	与えられた選択肢にデフォルト・オプションがあると、大勢の人がその選択肢を選ぶ傾向がある。 例:設定温度や照度等のデフォルト設定を変更することによる省エネ等
エラーの予期	利用者が間違えることを予期した設計を行うことで、利用者のミスによる無駄を防ぐことができる。 例:OA機器の自動オフ、人感センサによる照明の消し忘れ防止等
フィードバック	利用者に対して電力消費量等を効果的な方法で伝えることで、省エネ・節電行動等の適切な行動を促すことができる。 例:省エネ効果の見える化、他部署との比較情報提示等
マッピング	選択とその結果の対応関係をわかりやすく示すことをマッピングと呼ぶ。対応関係を明らかにすることで、省エネ・節電という目的に対して合理的な選択を促進することができる。 例:照明区画とスイッチの対応関係の表示、トイレの便器の蓋閉めによるコスト削減やCO$_2$削減量のわかりやすい提示等
複雑な選択の体系化	利用可能な選択肢の数が多過ぎると、適切な選択行動がなされない。利用者の状況に合わせて適切な選択肢を絞り込んで、考える労力を削減し、情報提供の効果を高める。 例:節電行動計画の作成、適切な省エネ行動アドバイス等
インセンティブ	利用者に対して、適切なインセンティブを与えることで省エネ・節電を促す。 例:金銭的インセンティブの付与、優待サービス等の提供等

Human

Factors

5章

ヒューマンファクターの

Design

要素技術

f o r

ヒューマンファクターデザインで用いられる要素技術を解説する。
要素技術は、人の行動を促す技術、環境を構築する装置技術、
制御・センシング技術に分類されている。

Building

Environment

1 環境選択行動を促す技術

1-1 温度差の形成と温熱環境提示

1) 概要

　温熱環境に対する満足度は知的生産性に大きな影響を与えるが、現実のオフィスでは環境の不均一や個人差もあるため、夏期26℃設定のオフィスであっても不満足側の申告が30%程度ある[1,2]。これに対して、ヒューマンファクターの視点の一つである環境選択の概念を取り入れ、温熱環境を選択可能とすることができれば満足度の大幅な向上も期待できる。ここでは、意図的に温度差を形成することで多様な温熱環境を提供し、フリーアドレスの運用下で好みの場所を選択することを支援するシステムの事例と検証実験[3,4]について紹介する。

2) システムの構成

　本システムは大きく3部から構成される（図1）。一つ目は空調により多様な温熱環境を形成し、それらの状況をセンシングする温湿度センサを各所に配置する。屋外も案内先に含める場合は、屋外気象の快適性を測るため外部気象計を設置し、それらを環境情報データベースに格納する。二つ目はユーザーが使用するスマートフォンのアプリケーションによる、環境情報の見える化、温冷感の申告、座席の推奨表示を行う機能であり、さらに申告がどのような温熱環境条件でされたかを特定するため、スマートフォンのBluetoothと連携するビーコンやスピーカーと連携する音波発信装置により位置を特定する機能である（図2）。三つ目は、これらの情報を統合する統合データベースであり、「いつ」、「どこで」、「誰が」、「どんな申告を」、「どの温熱環境下であったか」をひもづけし、これらの履歴から個人の好みを推定する。表1に特徴を示す。

3) 満足度の向上

　図3にオフィスの温度差形成状況を、図4に執務終

余白注:

不満足側の申告　「不満・やや不満・どちらでもない・やや満足・満足」の五段階の申告で、「不満・やや不満」の割合。

温冷感の申告　「寒い・やや寒い・適温・やや暑い・暑い」の五段階で選択する機能を設けた。

了時の当日の温熱環境に対する満足度を「温度差なし」運用と、「温度差形成＋情報提示」運用で比較した結果を示す。実際の室温が26℃未満、26℃以上の場合に分けて集計した結果、いずれの集計でも「温度差形成＋情報提示」の満足度が高くなる傾向が得られた。特に、26℃以上ではその差が大きくなる傾向にあり、両運用手法の差は1%有意となった。また、「温度差形成＋情報提示」では、不満側の申告がほとんどなく、温度差形成と情報提示により、受容度が高まった可能性がある。

実際の室温 「26℃」の設定ゾーンに対して、実際にはゾーン平均で25.2〜26.3℃の幅が生じた。このため、26℃を基準として2つの群に分けて評価した。

4）座席選択満足度と温熱環境満足度の関係

　図は省略するが、「温度差なし」と「温度差形成＋情報提示」のいずれの運用でも好きな座席を選択できた場合に、温熱環境の満足度も向上する傾向が見られた。

表1　本システムの特徴

方法	温度差	情報提示	メリット	デメリット・実施条件
通常	なし	ー	設備コスト：低	不満足：30%
本手法	形成	スマートフォン	個人差の緩和 設備コスト：低	フリーアドレスが前提

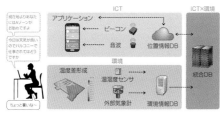

図1　本システムの構成

(a)トップ画面　(b)Vote画面　(c)Recommend画面

図2　アプリケーション画面

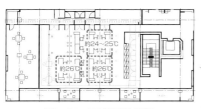

図3　オフィスの温度差形成状況

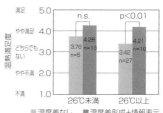

図4　温熱環境の満足度

■温度差なし　■温度差形成＋情報表示

1-2 屋外ワークスペース

1) 新たなワークスタイル

　近年、オフィス空間にバリエーションや可変性をもたせ、執務者の選択の幅を広げることでワークスタイルの多様化に対応した事例が増えつつある。なかでも屋外・半屋外空間(以下、「ソト」という)は、屋内ならば必要となる空調や照明のエネルギーをできるだけ使わずに、快適性を確保できる時間帯がかなり存在する。このような時間帯に「ソト」の空間を選択してもらえば、自分自身が快適なだけでなく、建物全体のエネルギー消費を低減できる可能性がある。

　そこで、執務者一人ひとりの行動を喚起し、特別な負担を強いることなく、省エネと快適性を両立するための新しいワークスタイルを「ソトコミ®」と呼ぶ。

　そのために必要なハード・ソフトの構成は、以下となる。

①魅力ある「ソト」の空間

　　空調や照明等の設備機器になるべく頼らず、自然環境を利用した魅力的で快適な省エネ空間が、屋内・屋外に分散配置された計画(分散型コミュニティスペース)

②「ソト」への移動のきっかけを与える情報(誘導システム)

③屋内執務空間のパーソナル空調・照明制御(パーソナル環境制御システム)

2) ソトコミ®のために必要なハード・ソフトの仕様

　既存高層オフィスビルの公開空地に計画された分散型コミュニティスペース(屋外・屋内ワークスペース)と、誘導システム、パーソナル環境制御システムを以下に紹介する(図1、2)[1]。

①屋外ワークスペース

　緑地とエントランスホールに近く、かつ屋内コミュニティスペースからの視認性が確保された場所に計画されている。本スペースの利用者がおのおので屋外環境を調節できるよう、手動でスラット角を調節可能な

可動アルミルーバーを採用している。また、ウッドデッキや什器はランドスケープと一体となるよう色調を合わせた仕様とし、ルーバーを支持するフレームが利用エリアをさりげなく分節する空間設計としている。

②屋内ワークスペース

既存高層オフィスビルの1Fロビー奥に存在する未利用スペースを有効活用するため、什器を設置し行動観察およびアンケート調査が行われた。その結果から、空間の開放感を求めて利用する声が多い一方で、他人の視線が気になるため、パーティションを設置すべきとの意見が多数得られた。そこで、行動観察結果とアンケート結果を反映したゾーニング図を作成し、空間を最低限分節すべき場所にのみパーティションを計画することで、継続して満足度の高い利用を期待できる空間が構築されている。

③誘導システム

従来は、自然換気窓の開閉や照明・空調のON/OFFといった執務者の動作を喚起するものであったが、本事例では執務者の移動を喚起している。人の移動のきっかけとなる情報として、分散型コミュニティスペースの環境快適度と空席情報がスマートフォンへ配信される。

環境快適度は計測ユニットを各スペースに配置し、クラウド内でリアルタイムに演算後、ソトワーク指数の表示を行っている(図3、4)。空席情報は、各テー

図1 屋内ワークスペース(上)
屋外ワークスペース(下)[1]

図2 分散型コミュニティスペースのModel[1]

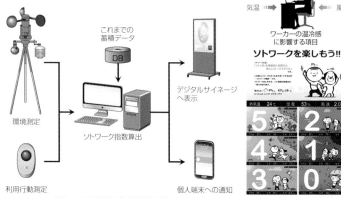

屋外空間の環境および利用に関してこれまで蓄積してきたさまざまなデータに基づき、屋外空間を仕事に利用する際の推奨度をリアルタイム計測データに従い5+1段階で指標化。
これまでの蓄積データ
DB
環境測定
ソトワーク指数算出
デジタルサイネージへ表示
利用行動測定
個人端末への通知

図3　ソトの利用を促す情報の表示システム

湿度
放射温度
気温
風速
ワーカーの温冷感に影響する項目
ソトワークを楽しもう!!
外気温 24℃ 湿度 53% 風速 2.0m/s
5
2
4
1
3
0

図4　ソトワーク指数

着席検知センサ　4～8方位に赤外線を出す近接センサをテーブル下面に設置し、着座状況を検知する。
Zigbee無線通信で、テーブルが移動しても柔軟にネットワークの構築が可能である。

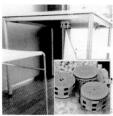

図5　着席検知センサ

ブルに着席検知センサ(図5)を設置し、着座の有無を判別できる仕様となっている。

④パーソナル環境制御システム

執務者はスマートフォンで操作画面にアクセスし、オフィス執務室照明のON/OFF、明るさレベル(2段階)、パーソナルファン風量(4段階)を個別に設定可能である。執務者が離席すると直上の照明が500lxから200lxに減光されパーソナルファンが停止する。

3)ソトコミ®の効果検証

図6に、以下の4つの効果検証の結果を示す。

①改修前後における仕事に対するモチベーションの変化

アンケート結果から、改修された分散型コミュニティスペースを利用することで、仕事に対するモチベーションが向上する傾向にあることを確認できる。

②誘導システムによる利用率の変化

誘導システムのアプリが内蔵されたスマートフォンを貸与する被験者実験から、情報提供を行うことで分散型コミュニティスペースの利用率が向上する結果となっている。

③エネルギー消費量評価

照明・空調・コンセントのエネルギー消費量をモニタリングした結果、パーソナル環境制御システムと誘

導システムによって26.9%の消費電力削減効果が確認された。

④知的生産性評価

執務者の知的生産性を定量評価するため、被験者実験において収束的思考タスク(加算テスト)と拡散的思考タスク(生産力テスト・俳句作成テスト)を行った。拡散的思考タスクでは、差は小さいが生産力テスト、俳句作成テストともに屋外のほうが素点の平均値は高くなる傾向となっている。

収束的思考タスクと拡散的思考タスク 「収束的思考」は、既知の情報を用い、それらを展開させて一つの正解にたどり着くための思考で、加算テスト等で測定される。「拡散的思考」は、既知の情報から考えを拡散させ、新しい発想を生みだしていく思考で、唯一の正解があるものではなく、生産力テスト(「新たな○○を考えてください」といった問いに答える形式)や俳句作成テストなどから、創造性のパフォーマンスを定量化する。

4) 今後の展開

ソトコミ®という新たなワークスタイルにより、執務者の仕事に対するモチベーションや知的生産性の向上、省エネ効果の促進を実現するため、今後はさらなるICT手法の活用に関する検討やその他の実施事例からの効果検証が望まれる。

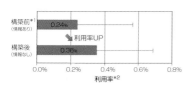

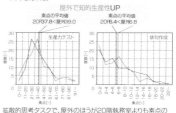

図6 実証試験による各種効果の検証

1-3 ABWと知的生産性の向上効果

1) ABWと知的生産性

人口減少・少子高齢化の急速な進行によって労働人口の減少が予想されるなか、持続的な経済成長に向けて執務者の心身の健康維持、働く意欲の増進、知的生産性の向上を図ることが社会課題となっている[1]。オフィス空間は、執務者の知的生産性に与える影響が大きいと考えられるが、知的生産性向上にはオフィス内での執務者行動を把握したうえで、各行動に適した環境を提供することが必要であると考えられる。

このような背景から、執務者がさまざまな場所から自分に合った空間を選択して働く新しいスタイルとしてActivity Based Working(以下、ABW)が注目を集めている。ABWでは、執務者がその日の業務内容や気分、環境要素等を考慮したうえで、最適な場所を自由に主体的に選択して働くことが可能となっており、自己選択による満足度の向上、行動の活性化による健康増進やコミュニケーションの増加が期待される。

2) ABW導入オフィスにおける知的生産性調査事例

ABWによる知的生産性向上などの効果を把握し、ABW設計に資する知見を獲得するため、千葉県に立地するT社研究所の執務空間の一部に試験的にABWを導入した。ABW導入執務室(以下、ABWオフィス)には、2部門5グループが所属しており、固定席が20席、フリー席が54席設置されている。固定席をもたない48名の執務者は、フリー席の中から執務場所を選択している。執務者には通常通りの執務をさせながら、効果の把握のため、執務者の満足度、コミュニケーション量、活動量などを調査・計測した[2]。

図1にABWオフィスのレイアウトを、図2に各ゾーンの写真を示す。フリー席にはこもり席、会議用テーブル、オープン席などが備えられている。ABW導入半年後に、アンケート調査から抽出された不満要因を解消する小規模なレイアウト改善を行った。

知的生産性
⇨62ページ

フリーアドレスとABW　フリーアドレスが、オフィス内において固定の自席をもたずに、空いている席をそのつど自由に選ぶ働き方であるのに対し、ABWは、集中する作業や打合せなどさまざまな活動に適した空間をオフィス内に複数設け、仕事の内容に合わせ執務者が自らその場所を選ぶ働き方を指す。

5

ヒューマンファクターの要素技術

図3に従来型・ABW1（レイアウト改善前）・ABW2（同改善後）の各オフィスのWPP低下率の分布を示す。ABW導入以前の従来型固定席オフィスと比較して、ABW導入後のWPP低下率は減少している。またABW2（レイアウト改善後）ではABW1（改善前）と比較してWPP低下率が減少している。結果はABWを導入し、さらに執務者の不満要因を解消するためのレイアウト改善を行うことで、知的生産性の向上に寄与する可能性があることを示しており、執務者の働き方や業務の内容・種類に応じた計画を行うこととともに、執務者の満足度向上のための運用改善を継続的に行うことが重要であるといえる。

図4は、執務室滞在1時間当たりの歩行回数の平均値を示す[3]。フリー席執務者は執務している席近傍への所用のため、執務室内における離席回数が高まっていることが推察される。ABWというワークスタイルによって、執務時における歩行量が高まる可能性があることが示唆される。

WPP低下率 Workplace Productivity低下率とは、執務空間における作業効率の指標である。ここでは下式にて算出した。

WPP低下率[%] =
$$\frac{環境による平均損失作業時間[h]}{労働時間[h]} \times 100$$

環境による平均損失作業時間はアンケート項目の「過去1週間に環境が原因となり損失したと感じる時間」を、労働時間には「平均的な勤務時間」を1週間分に換算した値を用いた。

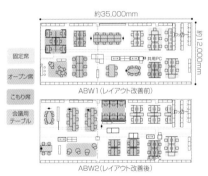

図1 ABWオフィスレイアウト[2]

図2 ABWオフィス写真[2]

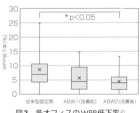

図3 各オフィスのWPP低下率[2]

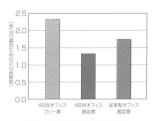

図4 1時間あたりの歩行回数[3]

135

1-4 図書館の閲覧スペース

1）図書館とヒューマンファクター

　図書館は、事務所と異なり不特定多数の人が利用する空間である。したがって、もともと座る場所などは自由であるが、それでも、利用者の意思による選択性に幅を与えることは、快適に過ごすうえで有効である。ヒューマンファクターの視点の一つである環境選択性を付与するためのしつらえとして、外部閲覧スペース、遊びごころあふれる椅子、さまざまな空間構成などが考えられている。以下にいくつか事例をあげる。

2）外部閲覧スペース

　東京都国立市のくにたち中央図書館では、地下1階ドライエリアに外部閲覧スペースを設けることで、来館者に「空調された室内」と「自然環境」のどちらでも読書ができるようにしている（図1）。これにより来館者に環境選択権を与えることができ、満足感と快適感の向上を図っている。ここでは行っていないが、もっと大きなスペースをつくって、植栽などを多用した森の中のような空間も考えられる。また、上着の貸し出しを行うなどのサービスを追加すれば、やや寒い季節にも対応でき、利用頻度の増大も期待できる。

3）閲覧用の家具

　アクティブラーニングを中心とした大学施設の図書館では、固定的な学習形態から、フレキシビリティのある学びの空間を構築することを主眼にデザインされている。従来の閲覧用テーブルのほかに、さまざまな家具や多目的スペースが設置され、来館者の自由な閲覧形態、利用形態に対応している。そこでは、ソファー、ブランコ型の椅子、多目的ブース、個室などが設置され、自由な発想や学びの活性化をサポートしている。また、館内には木製家具が設置されているが、これは敷地内に生えていたクスノキを使って作成されたもので、自然環境を取り込む一つの要素となっている。

4）学生ラウンジ

　図書館ではないが、同じ建物内にある学生ラウンジ

図1　外部閲覧スペース
（くにたち中央図書館）

アクティブラーニング　教員による一方向的な講義形式の教育とは異なり、学修者の能動的な学修への参加を取り入れた教授・学習法の総称。学修者が能動的に学修することによって、認知的、倫理的、社会的能力、教養、知識、経験を含めた汎用的能力の育成を図る（文部科学省HP用語集より）。

5

ヒューマンファクターの要素技術

では、ステンレスの天井を用いて、微妙な反射の具合で空間を演出している。これにより、均一な空間ではない、不均一な視環境を提供することになり、単純な環境から変化を与えることができる。また、設計者によれば天井がステンレスなので、音が乱反射し、それがかえってがやがや感を出し、利用者の活性化にもつながるという効果もねらっているとのことである。

図2　閲覧テーブルと多目的スペース（工学院大学）

図3　ブランコ型の椅子（工学院大学）

図4　円形ソファー（工学院大学）

図5　学生ラウンジ（工学院大学）

2 装置技術―熱・空気・音・光など環境をつくる技術

2-1 クーリングルーム

　夏、屋外から室内に入る場合、歩行による代謝量の増加や暑熱な環境により、体に熱が蓄積されやすい。執務室に入室する際、この蓄熱の影響で不快に感じることもあるが、温冷感の向上のために室全体の設定温度を下げた場合、すでに滞在している人の不快感を招くおそれがある。近年は、執務室の設定温度が緩和されていることも多く、帰社時のオフィスワーカーの不快感はさらに増大し、作業効率の低下が想定される。

　そこで、帰社時の人体蓄熱を除去する手段としてクーリングルームなどの採涼空間や、経路空間で涼をとる事例が登場している（図1）。クーリングルームを利用する場合は、あらかじめ体内に蓄積された熱をクーリングルームで除去して執務室に入室するので、執務室内の環境を変更することがなく、入室者も既滞在者も快適に過ごせる。

図1　一般的なオフィス（左）　クーリングルームを利用する場合（右）

図2　クーリングルーム事例

　実際の事例をあげる。入口からオフィスにつながる経路空間で、屋外から帰社したときに利用するよう整備された（図2）[1]。クーリングルーム内には、気流感を与えるため扇風機が2台設置されており、室利用者は自由に使える。1台は単純に気流感だけであるが、残り1台はファンコイルユニットの冷気が供給されるよう工夫が施されている。また、室奥には、ホワイトボードやテーブル、ハイチェアにより短時間のミーティングやリフレッシュのためのスペースを確保し、シーリングファンでも気流感を与えることが可能と

なっている。室内には、クーリングルームの設置意図や効果をイラストでわかりやすく掲示し、エネルギー消費などの情報や、サーモカメラによる自分自身の体表面温度までも確認できるようになっている。

実際にアンケートを実施したが、勤務形態や性別を問わず、クールダウンのための利用者が多く、その効果についても半数以上の回答者が良好と答えている。さらに一部の内勤者は、短時間の打合せのために活発に利用していることもわかった。

実はこれまで、クーリングルームの蓄熱除去に適した制御については明らかになっていなかった。このため、実験や解析などにより、人体の生理反応も考慮したクーリングルームの制御法を検討しており、外部から執務室への帰社を想定した実験結果を紹介する。実験では執務室温度25.5℃を基準に、設定温度を緩和した27.5℃のケースを実施した。また、気流感の有無と、気流温度を下げたケースを設けた（表1）。

表1 クーリングルームの運用

方法	気流速度	ルーム室温	気流温度	滞在時間
case0 ルーム無	クーリングルーム無し			
case1 基準	2.0m/s	25.5℃	等温	5min
case2 気流無	無し	25.5℃	等温	5min
case3 室温+2℃	2.0m/s	27.5℃	等温	5min
case4 冷風	2.0m/s	25.5℃	冷風	5min
case5 短時間	2.0m/s	25.5℃	等温	2min

平均皮膚温度の各ケースにおける平均の経時変化を示す（図3）。ケースによって差はあるが、クーリングルーム内での採涼時の皮膚温度は降下しており、また、オフィス再入室後の値が平時の値に近づいている。オフィスより多少温度を下げ、気流感を与える一方、あまり過剰に冷却しすぎないのが適切なようである[2]。

皮膚温度の低下 気流速度、クーリングルーム室温、気流温度、滞在時間によって皮膚温度は影響を受け、case2.気流無≒case5.短時間≒case1.基準＜case3.執務室温＜case4.冷風暴露の順に皮膚温度の低下が大きくなっていく。

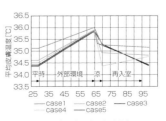

図3 平均皮膚温度の経時変化

2-2 クールチェア

1) 環境装置としての椅子

椅子は衣服の次に人体から近い部位にあり、身体を支えながら包み込む形状が個人の温熱環境制御機能と本質的にマッチする。クールチェアは椅子に冷却・加熱機能を付加することにより、あたかも上着を脱ぎ着するような簡便さで温冷感を調整する自由を与える。これは個人の主観によるダイレクトな操作を可能にする点で、従来の空調の概念とは大きく異なる。

2) 第5世代のクールチェア

クールチェアの開発は2003年に始まり（図1）、2017年には第5世代（図2）になった[1]。椅子にパーソナル空調の機能を搭載するためには、エネルギーはバッテリーに依存せざるを得ない。そのため、冷却は座面から吸い込んだ空気を送風機を経由してフレキシブルなノズルで任意の部位に吹き付け、熱伝達と汗の蒸散によって涼感を得る。ノズルは座面の両サイドと後部にあり、体表面各部の気流を任意にかつ、細やかに調整できる点が一般の扇風機とは異なる。

また、最近は大容量でコンパクトなバッテリーが普及しているので、従来はあきらめざるを得なかったヒーターによる加熱機能も具備した。ヒーターは座面と背もたれ下部に設置されている。

ベースとなる椅子は一般のオフィスチェアで、座面はウレタン成形に通気層、背もたれはメッシュになっている。送風機は3.6Wの小型ファンが座面に3台埋め込まれ、合計最大風量は70m³/h、ヒーターの最大発熱量は23Wである（図3、4）。電源は大容量ポリマーリチウムイオン電池で、最大出力で連続26時間の使用が可能である。

PWM制御によるコントローラーは座面脇に設置され、ノズルの風量をそれぞれ任意に調節できる。また、加熱時は座面と背もたれのヒーター出力をそれぞれ任意に調整することができる。自己効力感の発現を期待するために自動制御は行わず、手動による無段階設定

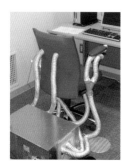

図1 第1世代

図2 第5世代[1]

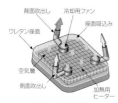

図3 座面部詳細

背面吹出し／冷却用ファン／座面吸込み／ウレタン座面／空気層／側面吹出し／加熱用ヒーター

PWM制御[Pulse Width Modulation] 半導体を用いて回路の電力を制御する手法の一つ。電力供給の入切を高速で変化させる際に、入となる時間幅を調整して供給する電力を調整する。

とした。最大風量時の騒音値は耳の位置で39.5dBである。加熱時の椅子の表面温度は40℃以下になるように設計し、万一に備えて温度ヒューズを設置した。さらに、着座センサにより、着席時にのみ作動するようになっている。

3）クールチェアの派生型

固定型の椅子にクールチェアの機能をもたせたものとして、コアンダ効果を利用した教室用クールチェア（図5）や[2]、銀行営業室に設置されたクール／ウォームソファ（図6）などがある[3]。

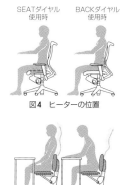

SEATダイヤル
使用時　　　BACKダイヤル
　　　　　　使用時

図4　ヒーターの位置

図5　教室用クールチェア[2]

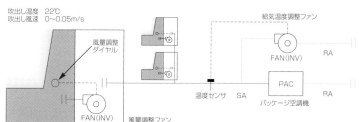

吹出し温度　22℃
吹出し風速　0～0.05m/s

風量調整ダイヤル　FAN(INV)　風量調整ファン　温度センサ　SA　PAC　パッケージ空調機　給気温度調整ファン　FAN(INV)　RA　RA

図6　クール／ウォームソファ熱画像[3]

2-3 調湿による快適性の向上

1) 体感温度と湿度の関係

体感温度　人間の肌が感じる温度の感覚を定量的に表したものである。人間の温度感覚は皮膚面の水分（汗）が蒸発したり、皮膚面の熱が奪われたりすることで生じる。こうした体感温度は気温だけでなく、湿度や風速等によって影響される。

　人の体感温度は、湿度の影響を受ける。例えば、夏は湿度を下げて汗を蒸発しやすくすることで、高めの温度設定でも不快感を低減させることができる。また、冬は湿度を高めに設定して汗の蒸発を抑えることで、低めの温度においても暖かく感じさせることができる。このように湿度を調整することで、温度を変えなくても快適性を向上させることができる。

　この効果を目視で確認できるようにサーモカメラで見える化した（図1）。これは夏に温度28℃一定のままで、湿度85%（左図）と湿度60%（右図）とした状態で、人体の表面温度がどの程度変わるかを調べたものである。湿度が低い場合（右図）は汗の蒸発が促進されるので、人体の表面温度が低く（涼しく）なっている。

　さらに、両者の体感温度がどの程度異なるのかを知るために体感温度SET*を試算してみると、湿度85%ではSET*＝29.7℃、湿度60%ではSET*＝27.8℃となり、体感温度で約2℃の差があることがわかる（試算条件：温度28℃、放射温度28℃、風速0.1m/s、代謝量1.0met、着衣量0.5clo）。

SET*
⇨79ページ

2) デシカント空調システム

　デシカント空調システムでは、デシカント濾材にて除湿し、温度と湿度を個別に制御することで高い温度設定で低湿の環境が実現できる。

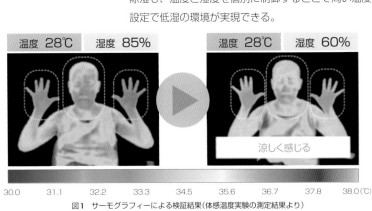

図1　サーモグラフィーによる検証結果（体感温度実験の測定結果より）

潜熱・顕熱分離空調 一般的な空調システムが除湿と冷却を同一の空調機で処理するのに対して、除湿(加湿)用空調機と顕熱処理用空調機(ドライコイル空調機)とに役割を分離した空調システム。

デシカント空調 水分を吸収する乾燥剤もしくは除湿剤を用いて空気中の水分を除去する空調方式。通常の空調では冷却により空気中の湿度を低下させるため、水分除去後の空気温度が低下するのに対して、デシカント空調では水分の凝縮潜熱が放出されるため、水分除去後の空気温度が上昇する。

飯野ビルディング[1]では、国内初となる"常温再生型デシカント空調機"を開発・導入して、潜熱・顕熱分離空調を実現し、室温が27〜28℃と高めの場合でも低湿度に抑えることを可能にしている(図2)。

さらに、デシカント空調のろ材の常温再生も可能にして、消費電力削減効果26.8〜12.4%を実現している(図3)。このようなデシカント空調は、他の方式と比べて冷却負荷を削減できることにより、より省エネで、同時に調湿による快適性を確保している。

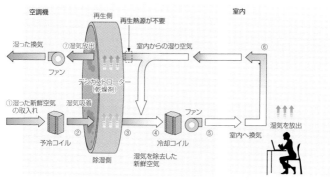

図2 デシカント空調の概念図

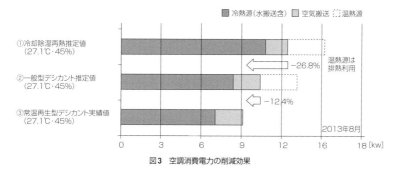

図3 空調消費電力の削減効果

2-4 放射空調・チルドビーム

1) 放射空調

放射空調は、空気温度に加え放射環境をコントロールすることで、温熱環境の快適性を総合的に高めることを意図したシステムである。さらに、空調空気の吹出し気流による不快感を低減するとともに、搬送動力の削減にもつながる手法である。

タスク・アンビエント空調
⇨162ページ

タスク・アンビエント空調システムにおいては、アンビエントシステムとして放射空調を採用することにより「安定した静穏な気流環境」を確保・維持することで、タスクシステムのパーソナル空調の気流感付与による快適性向上を、より効果的に実現することが可能となると考えられる。

天井放射空調をパーソナル空調と組み合わせて大規模テナントビルに導入した事例を図1に示す。放射空調は、天井に設置された金属パンチングパネルの孔から室内に吹出す冷気・暖気により執務室を冷却・加熱する。天井パネルの放射成分により、冷房期ならば平均放射温度を低下させ体感温度を低くすることができる。これにより設定室温の緩和が可能となり、快適性の向上と省エネの両立を実現することを目指している。また、執務室の天井にはパーソナルファンを設置し、さらなる省エネと執務者の快適性・満足度の向上を図っている。パーソナルファンは、天井チャンバー内の還気空気を給気しており、空調された快適な空気が執務者個人へ吹き出される。

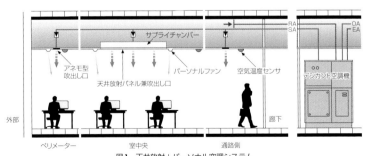

図1 天井放射+パーソナル空調システム

5 ヒューマンファクターの要素技術

2) チルドビーム

①アクティブチルドビーム

パッシブチルドビーム　空調機からの一次処理空気を吹き出すアクティブチルドビームとは異なり、自然対流による顕熱処理と放射空調の効果を併用したシステムで、不快な気流感のない熱環境を形成することができる。

　チルドビームには、アクティブチルトビームとパッシブチルドビームがある。アクティブチルドビームは、一次空気を吹き出すときの誘引効果を利用して室内空気を吸込み、冷温水コイルを通過させて空調する、ファンレスのシステムである（図2）[1]。執務者に直接吹出し気流が当たりにくくなっており、またジェットノズル機構の誘引効果により吹き出し温度も低温（冷房時）とならないため、コールドドラフトが生じにくいという特徴を有している。ヒューマンファクターに関連した「快適な温熱環境の創出」といった側面では、放射空調システムと共通の「静穏な居住域環境の形成」が、本システムの最大のメリットとなっている。

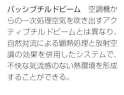

図2　アクティブチルドビーム概念図[1]

②オフィスにおける環境評価の事例

有効ドラフト温度[EDT:Effective Draft Temperature] ASHRAEでは、室内の温度差とドラフトに対し、快適状態を表す指標として次の有効ドラフト温度EDT[℃]を定義している。
$EDT = (t_i - t_{ava}) - 8(v_i - 0.15)$
t_i：室内の局所温度[℃]
t_{ava}：室内の平均温度[℃]
$t_i - t_{ava}$：ドラフト温度差[℃]
v_i：室内の局所気流速度[m/s]
有効ドラフト温度EDTが－1.7～＋1.1℃で、かつ気流速度が0.35m/s以下の範囲内にあれば、在室者の大多数が快適とされている。

　都心のテナントオフィスビルにおいて、アクティブチルドビームを全面導入した事例の環境評価実績について以下に紹介する。

■実測データ例1

　執務時間内における各測定点のドラフト温度差（各測定点と全体平均の温度差）と風速の5分値の関係を図3に示す[1]。横軸にはドラフト温度差、縦軸には各測定点における風速の値を散布図で示す。また、ADPIにおける快適域（EDTが－1.7から1.1℃かつ、局所風速が0.35m/s以下の範囲）を点線で表し、各測定値との照合を行った。風速0.1m/s程度、ドラフト温度差は－1.0から1.0の範囲に分布していることと、測定値の86％が快適域範囲内であるこ

とが確認されている。

■実測データ例2

室内気流環境の均斉度に関する調査事例（他空調システムとの比較）を図4に示す[1,2]。平均風速は空調システムごとの差異は少ないが、パッケージ方式の建物では最大値と最小値に顕著な差が確認された。アクティブチルドビームは、放射空調・全面床吹出空調と同様に特に静穏な気流環境を形成していることがわかる。

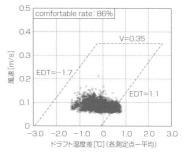

図3　ドラフト温度差と風速の散布図[1]

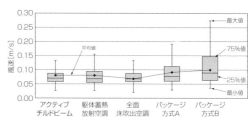

図4　各空調方式における風速分布比較[1,2]

3）アンビエント空調システムとしての期待

放射空調およびチルドビームが形成する温熱環境は、従来型の空調システムと比較して温熱環境の均斉度が非常に高い空間となる。工学的な快適の定義である「不快の排除」といった視点では、「受容性の向上」につながると評価できる。パーソナル空調を支えるアンビエント空調としても期待できるシステムとなっている。

2-5 自然換気

1) 技術的側面

①概要

自然換気は主として中間期に空調設備に代わって建物内へ外気を取り入れるため、基本的に冷房負荷の削減を目的としている。近年、地球環境負荷削減のために省エネに関する意識が高まっており、自然換気は省エネに寄与する手法として多用されている技術である。

②関係する建築の構成要素

自然換気を実現する建築の構成要素は、開口の位置、開口の制御方式、自然換気実行判断、自然換気経路である。利用特性としては対象空間の滞在時間があげられる。表1にこれらの分類例を示す。構成要素の組合せは多くあり、対象空間の滞在時間で許容される室内環境が異なる。要素の組合せが多数存在するため、自然換気時の室内環境評価が盛んに行われるが、もともとの目的であった省エネ効果を長期的に評価した例はあまり見られない。そのため、本来の目的である省エネとヒューマンファクターの関係は、十分な議論がなされているとはいえない状況である。

2) ヒューマンファクターにかかわる視点

自然換気時の室内環境は外界条件と建物の利用状況により大きく異なるため、年間や月ごとで考えるだけではなく、一日の中でも利用時期の判断が必要である。自然換気とヒューマンファクターの関係を考える場合には、自然換気装置の制御（外気風量や温湿度条件）が適切にできることと、結果として生じる室内環境が快適であることの2点が重要な視点となる。

①制御方式

自然換気の利用は省エネのみではなく、自然を積極的に楽しむことにもつながっている。ただし、建物利用者が好む環境は着衣や活動量のみではなく、活動の形態でも異なる。対象空間を多人数で使用する場合には個人間のばらつきはあるため、何らかの方法で自然

自然換気　四季が明瞭な日本では春夏秋冬で外界条件が大きく変動するが、室内で求められる環境は外界条件の変化に較べて変動は小さい。そのため、冬期の暖房と夏期の冷房の間に空調設備の負荷が小さい中間期が発生する。自然換気は、エネルギーを消費せずに適切な室内環境を維持するパッシブ手法である。

表1　構成要素と分類

構成要素	分類
開口位置	窓面／壁面
制御方式	手動／自動
実行判断条件	外界条件／外界＋室内
換気経路	室単位／連続空間
利用特性	長時間滞在／短時間滞在

換気の利用を制限できる方法が必要である。自然換気装置の制御は①換気口の開閉（自然換気の実行）と、②開度の調整の2つで行われる。制御方法としては計装設備を用いた自動制御も行われているが、在室者が開閉を行う手動方式も採用例が多い。手動方式では、自然換気利用に関する情報をWebや中央監視設備を用いて在室者に示唆する仕組みが採用されることがある。

②室内環境

アダプティブモデル
⇨82ページ

アダプティブモデルによると、自然換気を用いる空間は空調空間よりも温熱環境の許容範囲が広い。利用者の知的生産性に関係するのは快適性であるため、快適性評価が行われることが多い。

3）ヒューマンファクターデザインへの活用

自然換気の主観評価に居住後評価（POE）を行うことが多い。アンケート用紙で行われていた主観評価がICTの発達により環境と同時刻で結果の集計が可能となっており、単なる評価にとどまるのみではなく、制御への入力としても利用可能になっている。従来は自然換気がもたらす不快感に注目が集まっていたが、今後は満足感の向上が重要な指標になると考えられる。

4）自然換気利用の事例と分類

3つの事例を取り上げ、技術要素を分類し、ヒューマンファクターにかかわる側面を説明する。事例の技術要素に関する分類を表2に示す。

表2　構成要素による事例の分類

事　例	構成要素				
	開口位置	制御方式	実行判断	換気経路	利用特性
①超高層事務所ビル	壁面・床面	自動	外界条件	吹抜け（2フロア）	長時間・短時間
②中層事務所ビル	窓面・天窓	手動	外界条件	階段室（全館）	長時間滞在
③中層庁舎	壁面・天窓	自動・手動併用	外界条件	アトリウム（全館）	長時間滞在

5）事例1：超高層の事務所ビル

①概要

対象建築物は、東京都に立地する事務所・ホテルの複合建築物（地下4階・地上38階、オフィス部分延べ面積34,504m²、）である[1]（図1、2）。自然換気は2フロアで1ユニットとなっている事務所で用いられており、オフィスガーデン（以下、OG）と呼ばれる吹抜け

と執務スペースの空調システムは、風力換気を主体とした自然換気との併用運転が可能である。換気口はOGの床面と天井面、上層と下層のEPS(電気シャフト)、執務スペースの天井裏に配置されている。自然換気は外界条件で可否を判断しており、居住域にある換気口は外界条件と風速に応じて内部ダンパ開度を調整している(図3)。

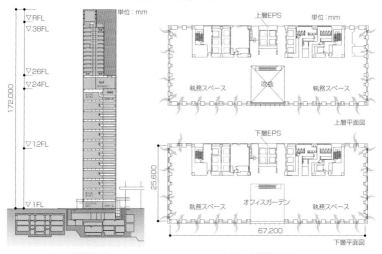

図1　建物断面図

図2　基準階平面図

図3　自然換気制御ロジック

②ヒューマンファクターに関わる側面

　換気口近傍にあるOG内部の風速は全体としてはあまり高くなく、周囲の風速も低い。知的生産性の観点からは室内環境の向上が重要であるため、自動制御で自然換気を行う場合には、ドラフトによる不快感の増加を抑えるために風量の調整が望ましい。

6)事例2：中層の事務所ビル

①概要

　本建物は東京都に立地する9階建の事務所ビル(延べ面積約5,500m²)で、西側正面となる外装には自然換気機能を組み込んだダブルスキンファサードを採用している[2]。各階から流入した外気は、階段室を経由し、階段室最上部のトップライトから流出することを想定している(図4、5)。

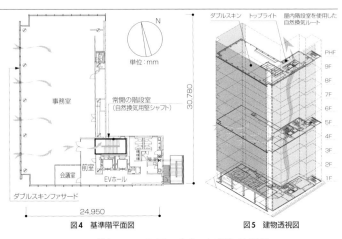

図4 基準階平面図

事務室

会議室

前室

EVホール

ダブルスキンファサード

常開の階段室
（自然換気用竪シャフト）

N

単位：mm

30,780

24,950

図5 建物透視図

ダブルスキン　トップライト　屋内階段室を使用した
自然換気ルート

PHF
9F
8F
7F
6F
5F
4F
3F
2F
1F

ダブルスキンファサード 全面ガラス面となる外壁を二重のガラスで構成し、外側ガラスと内側ガラスの間にブラインドを設置して、日射遮蔽を行うもの。気密性能を内側ガラスで確保するため、ブラインドを室外に配置することになり、ブラインドによる日射遮蔽で発生する熱量を室外へ排出するのが容易になる。

②ヒューマンファクターに関わる側面

　居住者に利用を促す自然換気方式では、居住者が操作できる場所に設置する自然換気口として、窓が用いられる場合が多い。本建物のダブルスキンファサードは、中空層の上下に換気スリットが配置されている。ダブルスキンファサードの室内側換気窓は、手動による開閉を前提としており、省エネ性と外界条件を考慮した開閉判断を自然換気表示灯（各階2カ所設置）により、居住者に周知（開可能時は青色、閉時は赤色点灯）して利用を促す。なお階段室最上部のトップライトは、自動制御により直接開閉される。実測によれば、自然換気実行中でも室内温度は適切な温度レベルに維持されており、時間的にも大きな変化は見られなかった。

7) 事例3：中層の庁舎

①概要

　本事例は、千葉県に立地する地上11階建の庁舎（延べ面積約25,700m²）である（図6）[3]。中間期には熱源・空調機を完全に停止した運用を前提としており、室内環境維持のためには自然換気性能の確保が重要である。1～7階の南北に設けられた事務室において、吹抜け（エコボイド）を利用した温度差換気を行い、温度差換気では流出となりやすい8階以上では各室単独で自然換気を運用する。執務室では、窓下に設置された定風量換気装置と手動開閉窓から外気が流入し（図7

（a））、建物中央部の吹抜けを介して屋上トップライト側面の突出し窓から空気が排出される（図7(b)）。各階の定風量換気装置と屋上突出し窓は、外気条件等で自動開閉制御されるが、手動による開閉も可能である。

②ヒューマンファクターにかかわる側面

　実測では中間期自然換気時の執務室はおおむね良好な環境が維持されていた[4]。自然換気の実施判断には居住者の意向も反映されており、手動で開口率を調整していたと考えられる。

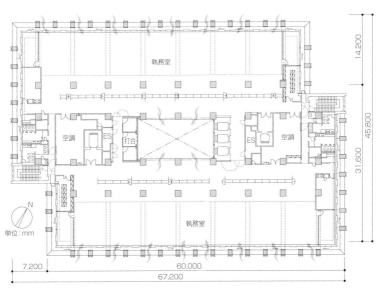

図6　基準階平面図

(a)執務室　　　　　　　　　(b)屋上トップライト

図7　自然換気開口

2-6 調光・調色照明制御

1) 生体リズムに配慮した光環境の構築

視認性や視環境の向上だけでなく、人の覚醒度や身体がもつ生体リズムの維持に配慮した光環境の構築が、ヒューマンファクターへのアプローチとして注目されている。

オフィスの執務者の健康性・知的生産性を高めていく要素は、①質の良い睡眠によるポジティブな心理状態への誘導(抑うつ気分の解消、モチベーションの高揚など)、および②日中の覚醒レベル向上による持続的な集中などがあげられている。執務者に適切な生体リズムの形成を促すことによって、環境刺激による創造的思考プロセスの促進による「知的創造性」向上と、照明制御による省エネ性の両立を図る室内環境を実現していく。

働く人々の健康をサポートし、その結果として省エネと生産性を向上させるシステムが人体の生体リズムに配慮した調光・調色照明制御である。

2) オフィスにおける計画事例

調光・調色照明制御を導入した中規模の本社オフィスにおける事例を紹介する[1]。

本オフィスの基準階(4〜7F)には、人本来の生体リズムに合わせて照度と色温度を変化させる照明制御が採用されている(図1)。朝の目覚め〜昼間の覚醒〜夜の入眠へといったリズムを整えることで健康の維持を図りつつ、照明電力を時間帯により絞ることで省エネを実現する。本事例では、天井放射パネルの側面にライン状の照明器具を配置し、照明の直接光に加え、天井面の間接照明効果を併用することで色温度の変化をより顕著にし、導入効果を高めている。

照明制御としては、始業時に照度と色温度を上げる目覚めの制御、昼休憩の間(12〜13時)に休憩を促進するスケジュール消灯、夕方に照度と色温度を落として終業を意識することで仕事の効率を上げるとともに省エネを図る制御、終業時間およびその後は1時間ご

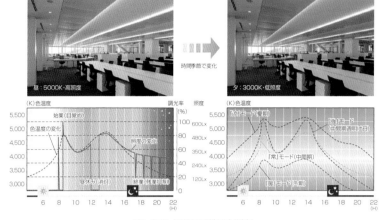

図1 調光・調色照明制御の実施例[1]

とに一瞬照度を落とし、30秒程度をかけて元の照度に戻す残業抑制制御等を行っている。

　加えて、季節ごとで涼暖のモードを使い分ける試みも行い、照明による温冷感の向上効果もねらっている。夏期は4,000～5,000Kの涼しげな白の変化を基調とした「涼」モード、冬期は3,000～4,000Kの暖色の変化を基調とした「暖」モード、中間期はその間となる「常」モードに加え、週明け日は休日から平日の業務リズムへの移行をスムーズにすることをねらいとした「強」モードとし、4モードを季節ごとで使い分けている。

3) これからの照明への期待

　視認性や視環境を向上させる従来の照明計画に加え、執務者の健康性に着目しながら生産性・省エネ性を高める新たな照明システムとして、「調光・調色照明」が近年普及しつつある。WELL認証に導入された「MEL（メラノピック等価照度）を用いた明るさ評価」など、人体への影響の定量把握を含め、実オフィス空間におけるフィールドデータのさらなる収集・分析が望まれるところである。

WELL認証
⇨64ページ

MEL（メラノピック等価照度）
人間の健康や快適性に焦点をあてた新たな建築物評価システム「WELL認証」において、人体の生体リズムに影響する明るさを定量的に捉える単位としてMELが導入されている。MELにより、メラノプシンといわれる視物質の分光感度特性を考慮し、人体の生体リズムに同等の影響を与える照度に等価換算することができる。

2-7 明るさ感を用いた建築と照明の トータルデザイン

1) 照度と輝度と明るさ感

照明設計は長らくJIS Z 9110照明基準で定められた推奨照度を中心に進められてきた[1, 2]。人は室内のさまざまな場所で作業を行う可能性があり、作業に必要な明るさを担保するのに室内の照度分布を明らかにしておくことは安心で安全である。ところが、この作業面はオフィスであれば机上面に設定され、壁面や天井面の明るさは考慮されていないため、それらの面が暗くて不快に感じるという問題がしばしば発生する。

その背景として、近年の室内照明は、天井から室内を均等に照らすような単純な照明方式だけではなく、ルーバー付き器具やLEDランプのような配光の狭い器具の利用が増えてきたことがあげられる。そこで日本建築学会[3]や照明学会[4]では壁面や天井面の輝度が小さい設計にならないよう指針を定め、多様化した照明設計をサポートする取組みを始めている。

「照度」が受光面を基準としているのに対し、「明るさ感」という人の感覚側から光の量を表した言葉があるが、デザインが多様化した現代においては、より人の感覚に寄り添った「明るさ感」の設計が求められている。

2) 空間の明るさとデザインの関係

「明るさ感」は、学術用語としては「空間の明るさ」と呼ばれる。「空間の明るさ」は、視野内の輝度の分布と深く関係するため、照明設備に加えて、採光やインテリアデザインにも左右される。

写真1の直接照明主体で机上面照度が500lxのオフィスと写真2の間接照明を併用した机上面照度が370lxのオフィスを比べてみると、写真2のほうが、机上面照度が小さいにもかかわらず、明るい印象である。

まず第一に、空間の明るさは輝度の影響を大きく受けるため、天井面が間接照明によって照射され、視野内の輝度の平均値が大きい写真2が明るく感じられ

照明設計 照明設計とは、施設の用途などに応じて安全で快適な光環境を実現するために、照明方式や器具の配置などを決定するプロセスである。近年、持続性の観点から省エネは照明設計にとって必須の課題であり、LEDのような高効率ランプの導入のみではなく、自然エネルギーである昼光の利用も盛んに行われている。また、知的生産性向上の観点で、空間に対する満足度の向上も意識されている。

照度 [illumination level] ある面が光を受けるときの明るさの度合い。光を受ける面の単位面積当たりの入射光束をいう。単位はルクス[lx]。

写真1 直接照明主体のオフィス

写真2 間接照明を併用したオフィス

る。では、平均輝度が大きければ明るいかというとそうでなく、平均値だけでは説明できないことがわかっている。

写真1のオフィスは家具全体が白っぽいため、平均輝度が大きくなり、一見すると空間の明るさは大きくなると期待できる。ところが、コントラストが乏しいため、ディテールがはっきり見えない印象から、明るく感じにくい。一方、写真2には、黒い内装部材も使われており、白に比べれば平均輝度は小さく、暗い印象にならないか懸念されるかもしれない。しかし、この暗い色は、視野の大部分を占めているわけではないので、視野内の平均輝度をさほど小さくすることなくコントラストを高めている。結果、そのメリハリによって空間の明るさは逆に明るく感じられるのである。

一方で、採光によって生じる明暗のコントラストには注意が必要である。写真1のように窓の光の遮蔽が不十分であると、窓の高輝度に目が順応してしまい、室内が暗く感じられる原因となる。先ほどの細部のコントラストとの違いは、高輝度部が、人の目の順応に影響を与えるほど大きなまとまりになっている点である。窓からの採光においては写真2のように、窓と室内の輝度の差が大きくならないよう拡散させることなどが解決策の一つである。

3) 空間の明るさ指標SB*

空間の明るさの設計には、それを数値化し確認できる指標を用いると便利である。平均輝度をベースとした指標が普及してきており[5]、ここでは昼光を含む空間の明るさを評価できる新しい空間の明るさ指標であるSB*[6]を紹介する。

SB*では、空間の明るさに影響を与える3つの変数を評価し、式(1)によって表す。

$$SB^* = LM^\alpha \cdot (1+AD)^\beta \cdot (1+CD)^\gamma \quad \cdots(1)$$

SB*：空間の明るさ指標値

LM：視野内の平均輝度

AD：順応輝度に影響を与える輝度対比の大きさ
　　この値が大きいとSB*の値は小さくなる

SB*[Spatial Brightness
Scale Value] 空間の明るさ
尺度値。
AD[Ambient Directivity]
環境光の偏り。
CD [Contrast Detail] 細部
のコントラスト。

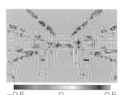

−0.5　　　　0　　　　0.5
輝度対比の常用対数
図3 細部のメリハリを与える輝度
対比の画像(写真2の条件)

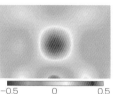

−0.5　　　　0　　　　0.5
輝度対比の常用対数
図4 順応輝度に影響を与える輝度
対比の画像(写真1の条件)

アウトフレーム・インナーフレー
ム　柱や梁を外壁の外側に出す工
法をアウトフレームといい、室内
空間が広くなるほか、柱や梁によ
る日射遮蔽の効果がある。これに
対して、柱や梁が外壁の内側にあ
る一般的な工法をアウトフレーム
との対比表現でインナーフレーム
という。

CD：細部のメリハリを与える輝度対比の大きさ
　　この値が大きいとSB*の値は大きくなる
α：平均輝度の影響の指数
β：順応輝度に影響を与える輝度対比の影響の指数
γ：細部のメリハリを与える輝度対比の影響の指数

　先ほどの2枚の写真をSB*によって評価すると、写真1のSB*は25、写真2のSB*は30となる。このとき、写真2のCD値は図3に示す輝度対比画像から計算され、写真1のAD値は図4に示す輝度対比画像から計算される。SB*の値とともにこれらの輝度対比画像とAD値、CD値を確認することにより、定量的かつ視覚的に設計にフィードバックでき、建築と設備を細やかに設計できる。

4) SB*に基づく採光デザインと照明制御

　SB*は時刻とともに変動するが、コンピュータシミュレーションを用いて年間計算することにより、変動を踏まえた採光デザインと照明制御の検討が可能である。図5に窓採光における開口部断面(アウトフレームとインナーフレームの2条件)について、年間のSB*の変動分布を比較評価した例を示す。

　ブラインドは時刻ごとにまぶしさを抑えた開閉状態を設定し、室内照明はタスク・アンビエント照明におけるアンビエント照度一定制御(300、400、500lxの3条件)を設定している。SB*の標準的な範囲を24〜38としたとき、その年間に占める割合は、インナーフレームでは400lx設定が最大となり、照度一定制御の想定でも85%の割合で良好な空間の明るさが保たれることを確認できる。

　次に、アウトフレームでは、躯体の庇としての効果によって「ブラインド閉」の割合がインナーフレームより小さくなり、結果的に昼光利用できる時間が増加する。その結果、300lx設定においてSB*が24〜38となる割合は93%とインナーフレームより大きい値を示す。このことから低照度に設定するリスクがアウトフレームのほうが小さいことがわかる。

　このSB*の年間計算に基づく検討は、開口部断面

5
ヒューマンファクターの要素技術

の比較、照明方式・設定照度の比較のいずれか一方の
みに対しても有効であるが、両者をクロス分析するこ
とにより、省電力と明るさ感を両立する優れた組み合
わせを合理的に設計できるようになる。

5) 種々の指標によるトータルデザイン

空間の明るさ以外にも眺望性や熱性能などのさまざ
まな指標があり、それらを用いた多面的な評価の手順
は、例えば図6に示すようなフローになる。フィード
バックを重ねながら、最善策を見つけていくことによ
り、バランスのとれた空間設計が可能となる。このと
き、デザインの違いによって指標値が異なる理由をひ
も解くことができる経験値もまた必要である。

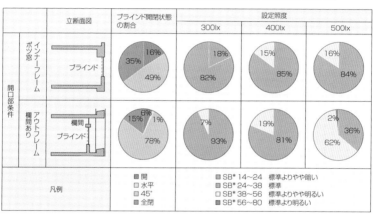

図5　SB*に基づく建築と照明設備の総合的な検討

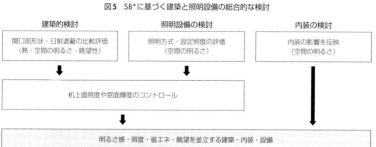

図6　各評価項目を並立する設計のフロー

3 制御・センシング技術

3-1 センシング技術

1) 人周辺の状態の検知

人は、その存在に気づかない間に、さまざまなセンサに囲まれて生活している。

例えばエアコンを使う場合、エアコン本体やリモコンの「温度・湿度センサ」で快適な環境に制御してくれている。最近は、「放射温度センサ」で人のいる場所や、寒い場所・暑い場所を感知し、風量や風向をコントロールして、そこをねらって寒さ・暑さを解消したり、反対に人に向けないようにして気流感を避けたりしてくれる。

図1 放射温度センサ

トイレに入れば「赤外線による人感センサ」でスイッチを入れなくても明るくなり、退出してしばらくすると勝手に消してくれる。オフィスでは、窓から差し込む明るさを「照度センサ」で検知しながら、必要な明るさになるように照明器具の照度を調整してくれる。

2) 在室検知

負荷や使い方が変化するオフィスでは、「いるか、いないか」ということより、「何人いるか」が重要となる。「在室検知センサ（画像センサ）」でそのエリアに何人いるかを解析することで、必要な照度、温度を先回りして制御することもできる[1]。

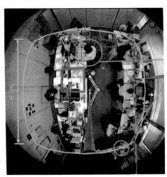

図2 画像処理による在室検知（大阪ガス葺合事務所）[1]

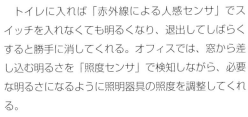

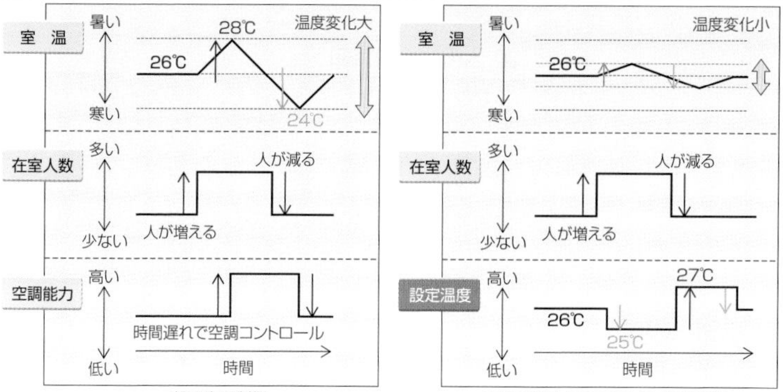

一般の空調制御　　在室検知センサを用いた空調制御

図3　在室検知センサの制御例（大阪ガス葺合事務所）

3) 環境の計測

非常にコンパクトなサイズで、身の回りのさまざまな環境状況を測定するセンサも登場している（環境センサ）。このセンサを利用するとリアルタイムに温度、湿度、照度、気圧、騒音、加速度、UV、VOCをスマートフォンやネットワーク上の機器から確認することができる。不快指数、熱中症警戒度の算出のほか、地震の震度を判別し、被災状況のマッピングにつなげることもできるという。

あらゆるモノがインターネットにつながるIoT(Internet of Things：モノのインターネット)が進められており、スマートフォンやスマートスピーカー、パソコン、家電、自動車など、さまざまなモノがインターネットで情報を共有し、制御に利用している。このIoTを実現するためになくてはならないものが、環境や状態を検知する「センサ」である。

微小化された機械要素部品のセンサ、アクチュエータ、電子回路などをひとまとめにしたミクロンレベルのデバイスMEMS(Micro Electro Mechanical Systems)の開発が進められている。

家庭やオフィス、工場などでも、時々刻々変化する環境をMEMSが感知し、空調、照明をはじめとするさまざまな設備が連動することにより、快適で省エネにつながる環境を実現している。MEMSは、さまざまな設備に組み込まれて、安心・安全で快適・便利な

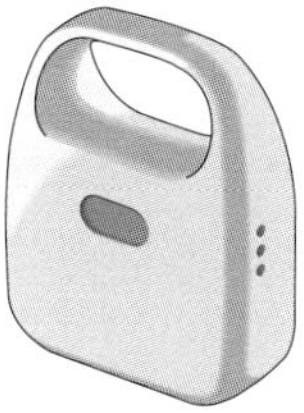

図4　Bag型センサ(例)

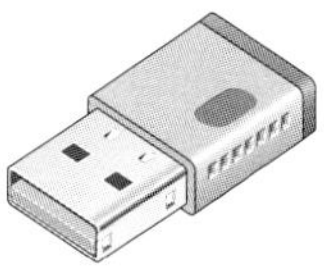

図5　USB型センサ(例)

生活をつくりだしている。

4）人の状態の検知

センサが小さくなることで、普段から身につけながら人の状態をセンシングすることにも使われる。このように人の生理量を知ることで、その人を活動状態や健康状態を簡単に確認できる。またその情報を利用することで、快適に暮らすための制御にも利用することが可能となる。

代表的なのが、Apple watch（Apple社）、Garmin、Fit bit、Sunto、Pulsense（セイコーエプソン（株））などスマートウォッチと呼ばれる腕時計型のウェアラブル情報端末である（図6）。これらには、3次元加速度計による活動量、消費カロリーのほか、心拍計やGPSも備えており、タイムやコースを確認しながらランニングなどに活用できる。ランニングなどに限らず、一日を通してライフログ（からだの「見える化」）も記録され、さらには睡眠量や睡眠強度まで計測されることで健康管理に活用されている。食事や体重などを入力することで摂取カロリーとのバランスも知ることができる。日々のライフログを利用することで、運動の目標設定や、健康維持に活用できる。

このスマートウォッチに、日常の血圧を計測できる機種も開発されつつある（図7）。従来の血圧計のように腕などにカフを巻いて血管に圧力をかける脈波を読み取るのでなく心電計測によるという。また、日常の血圧を測定することで見逃しがちになる、脳梗塞の重要なリスクとなる「心房細動」も計測できるという。

繊維素材であるナノファイバー生地に高導電性樹脂を特殊コーティングした、心拍数や心電波形などの生体情報を計測できるウェアも開発されている（図8）。

さらに、装着者の涙から自動的に血糖値を測定し、血糖値が上下した場合に警告を出すスマートコンタクトレンズの開発も進んでおり、人の生体情報のセンシング技術は日々進化している（図9）。

5）心理状態の検知

さて、人がどう周囲の環境を感じているか、心理情

報のセンシングはどうだろうか？

　スマートスピーカーでは音声認識技術から、その人の感情状態を探り、またカメラや眼鏡を使った画像認識技術で、眠気や感情の状態を認識できるようになってきている。

　かつて任天堂から「ラブテスター」という製品が発売されていた。本体から延びた2本のコードの先端についているセンサを男女で一つずつ握って、もう一方の手を互いに握り合い二人の「愛情度」を測るという代物である。電気抵抗を測るだけだが、センサを握る手のひらの汗などが、電気抵抗に影響し、相手への想いがわかるらしい。

　会話の雰囲気を測ることで「空気を読む」システムの商品化も図られている。マイク搭載のセンサにより、会話量やテンポから人の関係性を可視化し、面談スキルの向上をサポートするという。

　快適で満足している状態か、不快な状態を我慢しているかを知ることは、ヒューマンファクターを考慮した制御のフィードバックには欠かせない。相手がどう感じているかを知ることが鍵となる。

図10　空気を読むシステム

3-2 パーソナル環境制御

1) 快適性と省エネの両立

人間の状態や行動の情報を環境制御システムへ伝えることで、照明や空調の在・不在制御といった最適化制御が可能になる。さらに、省エネ意識が高い人々へ照明のON/OFFや明るさ、パーソナルファンの風量を個別操作できるようにすることで、省エネ手法を高度なレベルで実現することが可能になる。

2) 実現技術

①タスク・アンビエント照明・空調

飯野ビルディングでは、照明・空調の個人制御システムとわかりやすいエネルギーの見える化システムを導入し、大幅な省エネを実現している[1]。

ワーカーの快適性向上と省エネに貢献しているのは「パーソナル制御」と呼ぶ機能になる。これは個人のパソコンに表示された操作画面から、天井に備えられた、席に近い照明の光量や空調吹出し口の風量を制御することができる(図1)。

②タスク・アンビエントシステムの構成

この建物ではオフィスエリアに、「天井放射+パーソナルファン(図2)+ウェブ利用個別操作」の空調システム、「窓の直射制御+アンビエントLED(300lx)+タスクLED」の照明システムが導入されている。

オフィスの温熱環境は、上下温度分布が居住域内で0.2℃以内に収まっており、空気温度は27.1℃と快適な空間を実現している(図3)。また、鉛直上向き放射温度は、空気温度と比較して0.8℃程度低い値を示しており、放射空調による人体への冷却効果が確認できる。パーソナルファンと放射空調を併用することで、放射空調によって冷やされた天井面の空気を、ファンで誘引しながらワーカーに吹き付けることとなり、より高い冷却効果が得られる。パーソナルファンはワーカー個人で操作ができ、個人の感覚に合わせて風量調整可能なことから、より高い満足度が得られる。ワーカーの快適性・満足度の向上を図り、省エネ性と両立

タスク・アンビエント照明[task and ambient lighting] タスク・アンビエント照明とは、タスク域(作業域)とそれ以外のアンビエント域(周辺環境)に2つの照明設備を用意し、それぞれ個別に照明する方式である。

タスク・アンビエント空調[task and ambient air-conditioning] タスク・アンビエント照明と同様に、それぞれを個別に空調する方式をタスク・アンビエント空調と呼ぶ。快適性と省エネを両立できることから注目されている。

図1 操作画面

パーソナルファン 人に対する指向性のある気流と、人を優しく包む拡散性の気流を切り替えて利用できる新しい吹出し口。

できる。

ダブルスキンファサード
⇨150ページ

　視環境に関しては、ダブルスキンファサードで眺望を最大限確保しながら、自然光を電動ブラインドにて最適に制御しながら取り込み、LED照明を調光制御することで、自然採光とLED照明の協調を図り、執務空間の視環境を実現している。その結果、タスク・アンビエント照明および制御の導入の効果と合わせて、照明消費電力3〜5W/m²の大幅な省エネが実現できている。

　エネルギーの見える化では、例えば照明、コンセント、空調について、1m²当たりのエネルギー消費量が机上で把握できる。電力量のほか、熱量やCO_2排出量としても取り出せる。期間も日報、月報、年報、多年報の単位で表示する。他のテナントの状況も横並びで比較でき、ビル全体の値を表示することも可能である。

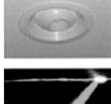

図2　パーソナルファンとその気流の可視化例

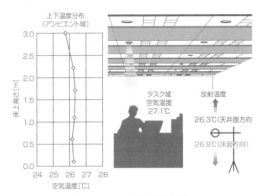

図3　オフィスの温熱環境測定結果

3-3 AI活用型環境制御技術

1) 人の状態に合わせた最適環境の実現

環境条件の変化には、人へ良い影響を与える場合（例：1/fゆらぎによる快感感向上）と悪い影響を与える場合（例：急激な温度変動による不快感発生）がある。しばしば「適切な運転」を心がけましょうといわれるが、「適切な運転」の定義を、人への良い影響を最大にし、悪い影響を最小にする運転と考えると、これを人手で行うのは難しい。今後、これを可能にする取組みとして、AI技術を活用してこのような高度な環境制御を実現する取組みが増えてくると予想される（図1）。

1/fゆらぎ　物理量の変動において、各周波数成分のパワーが周波数fに反比例する場合、その変動を1/fゆらぎという。

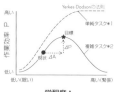

図1　環境変化が人間へ与える影響（一例）

2) 実現技術

①AI活用型環境制御システム

空調メーカーとIT企業が共同[1]で、AIを活用して在室者の覚醒度を推定し、覚醒度が高く快適な状態になる環境制御を行うことで、作業効率を高める試験を行っている。これは、ヒューマンファクターとして「覚醒度と作業効率との間に逆U字型の関係（ヤーキーズドットソンの法則）」があり、例えば、覚醒度が低い（眠い）と反応速度が低下し、また、覚醒度が高い（緊張）とミスが増える現象があり、この知見を応用したシステムになる。

②AI活用型環境制御システムの構成

カメラ等から人の覚醒度を推定し、空調・換気・照明・アロマデフューザを制御できるシステムをオフィスに構築して評価している（図2）。このシステムでは、

ヤーキーズドットソンの法則　生理心理学の基本法則。作業効率は適度な覚醒度で最大になる。最適な覚醒レベルは同一個人に対しても、行為の難易度、与えられる作業の段階によって変化するという理論。

*1 Forcused attention,flashbulb memory,fear conditioning
*2 Impairmemt of divided attention,working memory,decision-making and multitasking

まず、AI技術を活用してカメラ画像から人の顔を検出し、目の開き具合（開眼度）をもとに覚醒度の推定を行う（図3）。次に、覚醒度の低下を検出した場合に、覚醒を促す環境制御を行う。具体的には、一時的に温度を下げたり、照度を上げたりする（表1）。いずれの刺激を与えた場合も、刺激なしと比較して覚醒度が高くなる。覚醒効果が最も高いのは温度刺激で、芳香と光は温度刺激の半分程度であった。刺激の種類によって効果の程度や持続性が異なるため、環境制御によって適度な覚醒度を保つには、複数の環境制御を組み合わせることが大切になる。

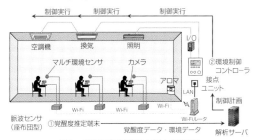

図2　AI活用型環境制御システムの構成例

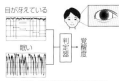

図3　覚醒推定処理の概要

表1　覚醒を促す環境制御手段の具体例

環境制御手段	制御内容	覚醒効果（最大）※基準：非制御時
温度（室温変化）	制御：27→24℃ 解除：24→27℃	＋1.9レベル
芳香（連続噴霧）	制御：ローズマリー 解除：なし（停止）	＋0.7レベル
照明（照度変化）	制御：150→1,500lx 解除：1,500→150lx	＋0.8レベル

3-4 行動誘発システム

1) 行動変容の促進

　環境状態や省エネに関する情報を人間へ伝えることで、在室者の快適性・満足度を高めるとともに、人間の行動変容を促すことが可能になる。このような技術を組み合わせて、快適性と省エネの両立を高度なレベルで実現することができる。

2) 実現技術

①双方向コミュニケーションシステム

　H事業所では、改修前、盛夏の空調環境における行動観察およびインタビューを実施し、省エネ行動の阻害要因は、1)男女(個人)による温冷感の違い、2)省エネ意識の個人差、3)入居者・総務担当者、設備管理者相互の関係者間のコミュニケーション不足などであることを把握した[1]。そのうえで、阻害要因解決策を検討し、クーリングルームの設置、在室者検知を利用した温度設定制御、温冷感申告による温度設定制御、双方向のコミュニケーションツール導入に至っている(図1)。

　このシステムでは、各入居者のPCにエネルギー使用状況や温熱環境などの情報が表示され(図2)、また温冷感申告(寒いーやや寒いー適温ーやや暑いー暑い)

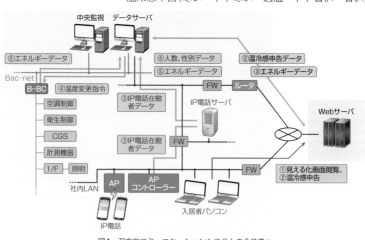

図1　双方向コミュニケーションシステムの全体像[1]

行動変容 [behavior modification]　行動変容とは、これまでに培われた行動パターンをより望ましいものへ変えていくことを指す。
近年、新たな省エネ政策手法として、行動科学の理論に基づくアプローチにより行動変容を促し、政策効果を高めようとする取組みが行われている。

クーリングルーム
⇨138ページ

を行うことで、空調制御に参加できるものとなっている(図3)。

　アンケートを実施した結果では、改修後、省エネ情報を開示することにより、入居者の省エネに対する意識や省エネ行動が向上したことが確認できている。また、温冷感申告が空調設定温度に反映されるので納得感のある空調環境が可能となり、入居者の満足度が向上したという結果が得られている。

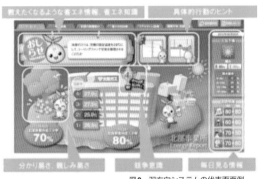

この画面では、エネルギー使用状況や温熱環境の情報が表示される。
画面上部のタブを選択することで、「温冷感の申告状況」、「省エネ対抗戦の状況」などの詳細画面へ遷移できるようになっている。

図2　双方向システムの代表画面例

この画面には、各階のゾーンごとに、温冷感の申告状況や「空調を強めています/弱めています」の制御状態、在室人数が表示され、空調制御に参加できるものとなっている。

図3　温冷感の申告状況、空調制御の状態などの表示画面

ヒューマンファクター建築のこれから

　ヒューマンファクターの解明とともに，ヒューマンファクターを生かした建築も，これから大きく進化してゆくに違いない。図1にヒューマンファクター建築の進化の段階を描いてみた。「ヒト」の生理現象と心理反応を明らかにしてゆくことで，快適性の追求から，満足感，さらには無意識のうちのコントロールにつながってゆくだろう。しかし，最終的には快適性や満足感を犠牲にしても，健康を意識させることにつながるように思う。

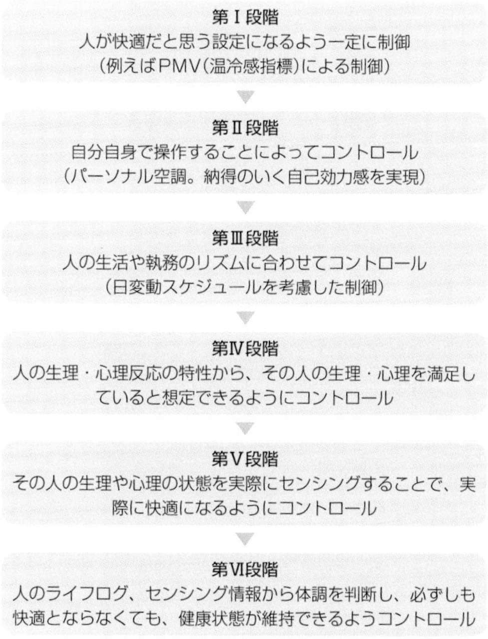

第Ⅰ段階
人が快適だと思う設定になるよう一定に制御
（例えばPMV（温冷感指標）による制御）

第Ⅱ段階
自分自身で操作することによってコントロール
（パーソナル空調。納得のいく自己効力感を実現）

第Ⅲ段階
人の生活や執務のリズムに合わせてコントロール
（日変動スケジュールを考慮した制御）

第Ⅳ段階
人の生理・心理反応の特性から、その人の生理・心理を満足していると想定できるようにコントロール

第Ⅴ段階
その人の生理や心理の状態を実際にセンシングすることで、実際に快適になるようにコントロール

第Ⅵ段階
人のライフログ、センシング情報から体調を判断し、必ずしも快適とならなくても、健康状態が維持できるようコントロール

図1　ヒューマンファクター建築の進化の段階

　さて，「Alexa」「OKGoogle」「HeySiri」などなど。スマートスピーカーを利用している人も多いかもしれない。今やネットからさまざまな家電を動かすことができる。

　さてAIであるスマートスピーカーは，ビッグデータを活用して声のようすからその人の感情までも判断しつつある。そう考えると，すでに第Ⅳ～Ⅴ段階にさしかかっているかもしれない。ヒューマンファクターの考え方は，一気に，しかも気づかないうちに当たり前になりそうだ。

　AIは非常に便利なためについ頼りがちになる可能性も高い。しかし思考の論理性がプログラミングされるのではなく，ビッグデータを利用して自ら学習してゆ

くため，その結論にどうして結びついたか理解できない場合も多い。人間は，長い時間をかけて，家族や友人，教師との対人関係のなかで学習し，善悪も含めて学ぶ。一方，そのAIの学習プロセスは圧倒的に短く，どう教育してゆくかに関しては議論の余地も多い。

　AIにすべてお見通しされて，何もかもお膳立て（押しつけ）される世の中を想像できるだろうか? 世界の情報と知識が一握りのGAFA（Google，Apple，Facebook，Amazon）などのIT巨人に集中する「ニューモノポリー（新独占）」が出現しているとも聞く。決して理に適わなくても，例えば「気分を変えて」，「普段とは違う刺激を」や「自分で考えよう」なんて自由度を与えてくれる建築もヒューマンファクター建築の一部と思う。

［参考文献］

1章　ヒューマンファクター建築のすすめ

2　ヒューマンファクターデザインのすすめ

1) 岡田有策『ヒューマンファクターズ概論』慶応義塾大学出版会，2009
2) 横山計三『ヒューマンファクターデザインの概要 − ZEBの実現に向けて −』日本建築学会大会学術講梗概集，2018
3) 「省エネとヒューマンファクタに関する技術調査委員会(中間報告)」新エネルギー・産業技術総合開発機構エネルギー対策推進部開発グループ，2010
4) 「省エネルギー技術戦略2011」新エネルギー・産業技術総合開発機構，2011
5) 「省エネルギー技術最前線」新エネルギー・産業技術総合開発機構，フォーカス・ネドNo.49，2013
6) 「省エネルギー技術戦略2016」新エネルギー・産業技術総合開発機構，2016

2章　ヒューマンファクター建築と社会的背景

1-1　ZEB

1) 資源エネルギー庁，ZEBロードマップ委員会，ZEBロードマップフォローアップ委員会，http://www.enecho.meti.go.jp/category/saving_and_new/saving/zeb/　＊2018年4月閲覧
2) 環境共創イニシアチブ，ZEB実証事業，https://sii.or.jp/zeb29/

1-3　建築物の環境性能評価CASBEE・LEED

1) 建築環境・省エネルギー機構，CASBEE認証制度ホームページ，http://www.ibec.or.jp/CASBEE/certification/certification.html
2) グリーンビルディングジャパンホームページ，https://www.gbj.or.jp/

1-4　経済産業省とNEDOの動向

1) 「省エネルギー技術戦略2011」新エネルギー・産業技術総合開発機構，2011
2) 「省エネルギー技術戦略2016」新エネルギー・産業技術総合開発機構，2016
3) NEDOホームページ，http://www.nedo.go.jp，「省エネルギー技術フォーラム2013〜2016発表資料」，「成果報告書データベース」を参照

2-1　健康経営オフィス

1) 「健康経営オフィスレポート　従業員がイキイキと働けるオフィス環境の普及に向けて，平成27年度健康寿命延伸産業創出推進事業健康経営に貢献するオフィス環境の調査事業」経済産業省

2-3　Well認証

1) WELL Building Standard，Ver.1,International WELL Building Institute，2017

2-4　CASBEE−ウェルネスオフィス

1) 日本サスティナブル建築協会ホームページ，http://www.jsbc.or.jp/research-study/swo.html　＊2019年7月閲覧
2) 『建築環境総合性能評価システム CASBEE−ウェルネスオフィス評価マニュアル(2019年版)』建築環境・省エネルギー機構(IBEC)，2019
3) 日本サスティナブル建築協会ホームページ，http://www.jsbc.or.jp/research-study/files/tool2-OHC-Q51&Q16_190329.pdf　＊2019年7月閲覧

3　SDGsと建築・設備

1) 国際連合広報センターホームページ，http://www.unic.or.jp/activities/economic_social_development/sustainable_development/2030agenda/　＊2018年8月閲覧
2) 建築環境・省エネルギー機構(IBEC)，自治体SDGsガイドライン，http://www.ibec.or.jp/sdgs/　＊2018年8月閲覧

3) 外務省，「我々の世界を変革する：持続可能な開発のための2030アジェンダ（仮訳）」，https://www.mofa.go.jp/mofaj/files/000101402.pdf　＊2018年8月閲覧

3章　古くて新しいヒューマンファクター

1　暮らしの中の環境選択

1) 野部達夫「次世代空調特論—露天風呂からパーソナル空調への不連続的転回」Live Energy, vol.103, 東京ガス，2013

2-2　標準有効温度SET*

1) A.P.Gagge, A.P.Fobelets, L.G.Berglund：A Standard Oredicted Index of Human Response to the Thermal Environment, ASHRAE Transactions, Vol.92, Part2, 1986
2) ASHRAE, ASHRAE Thermal Comfort Tool CD, Version2, 2011
3) D.A.McIntyre：Indoor Climate(1980), Applied Science Pub.

2-3　温熱環境適応

1) Nicol, F.and,Humphreys,Thermal comfort as part of a self-regulationg system,Building Research and Practice(J.CIB), 6(3), 1973
2) Brager, G.S.and de Dear, R.J., Thermal adaptation in the built environment：Aliterature review, Energy and Buildings, 27(1), 1998
3) Humphreys, M.A.and Nicol, J.F., Understanding the adaptive approach to thermal comfort, ASHRAE Transactions, 104(1b), 1998
4) 中野淳太，田辺新一「半屋外環境の熱的快適性に関する考察−温熱環境適応研究の日本における温熱環境計画への応用とその課題−」日本建築学会環境系論文集，第79巻，第701号，2014
5) de Dear, R.J.and Brager, G.S., Developing an adaptive model of thermal comfort and preferences, ASHRAE Transactions,104(1a), 1998
6) Nakano, J.and Tanabe, S, Thermal Comfort and Adaptation in Semi-Outdoor Environments.ASHRAE Transactions, Vol.110(2), ASHRAE, 2004
7) 高橋賢志，藤井浩史，他「半屋外空間における熱的快適性実測調査その13〜14」日本建築学会大会学術講演梗概集，2004
8) ANSI/ASHRAE 55-2017.Thermal environmental conditions for human occupancy.Atlanta:American Society of Heating, Refrigerating and Air-Conditioning Engineers, 2017

2-4　露天風呂のモデル

1) 日本建築学会編『アトリウムの環境設計』彰国社，1994
2) 中島義明・大野隆造編『人間行動学口座3 すまう−住行動の心理学−』朝倉書店，1996

3-1　パーソナル空調小史

1) 野部達夫「次世代空調特論−パーソナル空調研究開発外伝」Live Energy，vol.105，東京ガス，2014

3-2　パーソナル空調

1) 野部達夫，田辺新一，他「オフィスの使われ方データベースに関する研究(その1)着席状況調査」空気調和・衛生工学会学術講演会講演論文集，2002
2) 梁禎訓,加藤信介「パーソナル空調における人体の呼吸空気質のCFD解析(その4)パーソナル空調の使用有無による受動喫煙リスクの検討」空気調和・衛生工学会大会学術講演論文集，2003
3) Arsen K.Melikov, Radim Cermak, Milan Majer：Personalized Ventilation：evaluation of different air terminal devices, Energy and Buildings, 2002
4) Radim Cermak,Milan Majer,Arsen K.Melikov:Measurements and Prediction of Inhaled Air Quality With Personalized Ventilation,Indoor Air, 2002

3-4　パーソナル空調システムの実際

1) 田中規敏，菊地卓郎，他「既存オフィスのZEB化に関する研究(第4報)個人の温冷感

に配慮した空調制御手法の研究」空気調和・衛生工学会大会学術講演論文集，2017

4章　人間の行動を考える

1　変動する環境と快適感・温冷感

1) 石田絢音，近本智行，他「ヒューマンファクターを組み込んだ空調システム・制御システムの構築（その11）夏期の外気温度・視覚・聴覚の情報操作及び変動制御が執務者に与える影響」空気調和・衛生工学会大会学術講演論文集，2018

2) Tomoyuki Chikamoto, Naoki Hashimoto:Air-conditioning Control which considers Human Comfort corresponding to Thermal Environment Change, and it's Energy Saving Effect, The World Sustainable Building Conference, 2008

2　クレームの瞬間をとらえる

1) 野部達夫，鵜飼真成，他「室内温熱環境の受容度に関する（その1～その5）」日本建築学会大会学術講演梗概集，2013～2014

3　オフィスにおける執務者の実態

1) 鵜飼真成，野部達夫「オフィスビルにおけるアンビエント域の温熱環境に関する考察」日本建築学会大会学術講演梗概集，2017

4　オフィスの新しい温熱環境評価

1) 鵜飼真成，野部達夫「事務所ビルにおける温熱環境の不均一性に関する研究」日本建築学会環境系論文集，第82巻，第738号，2017

2) 鵜飼真成，野部達夫，他「確率論的温熱受容性評価法に関する研究（第1報～第4報）」空気調和・衛生工学会大会学術講演論文集，2015～2016

3) 鵜飼真成，野部達夫「オフィスビルにおけるアンビエント温熱環境の最適設計法に関する研究」日本建築学会大会学術講演梗概集選抜梗概，2018

5-2　調整行動

1) Nobe T., Relationship between Thermal Acceptability and Clothing Adjustment, Healthy Buildings Proceedings, 2006

5-3　空気質（CO₂）と行動

1) 三村凌央，近本智行「教室の学習環境と学習効果に関する研究（第6報）CO$_2$濃度変化及び温熱環境が作業性と生理心理量に及ぼす影響」空気調和・衛生工学会大会学術講演論文集，2018

2) 三村凌央，近本智行，他「教室の学習環境と学習効果に関する研究（第6報）移転後の夏期・中間期・冬期における学習環境と学習効果に関する調査検証」空気調和・衛生工学会大会学術講演論文集，2016

5-4　ナッジ

1) 「平成29年度低炭素型の行動変容を促す情報発信（ナッジ）による家庭等の自発的対策推進事業」採択結果，2017

2) 「平成29年度低炭素型の行動変容を促す情報発信（ナッジ）による家庭等の自発的対策推進事業」公募要領，2017

3) 第3回日本版ナッジ・ユニット連絡会議資料，http://www.env.go.jp/earth/ondanka/nudge/post_40.html　＊2018年5月閲覧

4) 河野友花，小松秀徳，他「オフィス環境におけるナッジを用いた省エネルギー・節電促進策に関する考察」行動経済学会大会報告論文，2014

5) リチャード・セイラー，キャス・サンスティーン，遠藤真美訳『実践行動経済学 健康，富，幸福への聡明な選択』日経PB，2009

5章　ヒューマンファクターの要素技術

1-1　温度差の形成と温熱環境提示

1) 国土交通省「知的生産性委員会24年度報告書」2013

2) 岩橋優子，田辺新一「節電対策が快適性・省エネルギー性に与える影響」日本建築学会環境系論文集，2014

3) 大黒雅之，田端淳「温熱環境と空間選択に関する基礎的研究（第1報）フリーアドレスオフィスにおける実験」空気調和・衛生工学会学術講演論文集，2015
4) 清水友理，大黒雅之，他「スマートフォンを利用した温熱環境調整システムの開発 その1・その2」日本建築学会大会学術講演梗概集，2016

1-2　屋外ワークプレイス
1) 2015AIJ_建築デザイン発表会「ICTを活用した分散型コミュニティスペース」

1-3　ABWと知的生産性の向上効果
1) 建築環境・省エネルギー機構『知的創造のためのワークプレイス計画ガイドライン』丸善出版，2013
2) 篠山拓真，篠田純，他「ABWを導入したワークプレイスの環境満足度と作業効率」日本建築学会大会環境系論文集，第84巻，第765号，2019
3) 徳村朋子，田辺新一，他「執務空間におけるActive Designがワークスタイルに与える影響に関する研究 その6 執務環境と会話量および歩行量の関係」空気調和・衛生工学会学術講演論文集，2018

2-1　クーリングルーム
1) 福嶋康旗，近本智行，他「H事務所低炭素化改修の運用効果の検証その4 夏期外勤者の帰社時における体内蓄熱の除去を目指したクーリングルーム運用の最適化検討」日本建築学会大会学術講演梗概集，2013
2) 福嶋康旗，近本智行，他「H事務所低炭素化改修の運用効果の検証その6 気流暴露を考慮した人体熱モデルによるクーリングルームの最適化検証」日本建築学会大会学術講演梗概集，

2-2　クールチェア
1) 野部達夫『建築設備と配管工事，クールチェア』日本工業出版，2016
2) 空調機能付き講義机イス「My Air」，コトブキシーティング
3) 井上大嗣，田中宏明「浜松信用金庫駅南支店－ネット・ゼブをめざした小規模店舗の省エネパラダイムシフト」，『ヒートポンプとその応用 Vol.90』ヒートポンプ研究会，2016

2-3　調湿による快適性の向上
1) 左勝旭，杉鉄也，他「飯野ビルディングの環境・設備計画と実施」空気調和・衛生工学会誌，第88巻，第7号，2014

2-4　放射空調・チルドビーム
1) 貴田弘之，芝原崇慶，他「アクティブチルドビームを採用したオフィスの空調計画と実施 第1報～第3報」空気調和・衛生工学会学術講演論文集，2018
2) 鵜飼真成，野部達夫「事務所ビルにおける温熱環境の不均一性に関する研究」日本建築学会環境系論文集，第82巻，第738号，2017

2-5　自然換気
1) 三浦克弘，武政祐一，他「自然換気併用空調システムがもたらす空調負荷削減効果と室内環境に与える影響の評価」日本建築学会環境系論文集，第76巻，第660号，2011
2) 鈴木幸人，三浦克弘，他「ダブルスキンファザードの温熱環境と自然換気の実測評価」空気調和・衛生工学会大会学術講演論文集，2014
3) 加藤正宏，篠塚貴志，他「環境配慮型市庁舎における空調・換気計画と温熱環境の検証（第1報）建物概要とノズル吹出を用いたダクトレス空調の評価」空気調和・衛生工学会大会学術講演論文集，2017
4) 弓野沙織，加藤正宏，他「環境配慮型市庁舎における空調・換気計画と温熱環境の検証（第2報）吹抜を介した自然換気システムの計画と運用時の温熱環境・換気量の検証」空気調和・衛生工学会大会学術講演論文集，2017

2-6　調光・調色照明制御
1) 石橋良太郎，黒木友裕，他「省エネと知的生産性の向上を図るオフィスシステムの検証・開発(その1 新本館における取組について)」日本建築学会大会学術講演梗概集，2018

2-7　明るさ感を用いた建築と照明のトータルデザイン
1) 照明学会編『照明ハンドブック 第2版』オーム社，2003

2) 日本工業規格，JIS Z 9110：2010，照明基準総則，2010
3) 日本建築学会環境基準 AIJES-L0002-2016 照明環境規準・同解説，2016
4) 照明学会技術指針，JIEG-008(2017)，オフィス照明設計技術指針，2017
5) 岩井彌，井口雅行「空間の明るさ感指標「Feu」による快適な空間創りのための新しい照明評価手法」松下テクニカルジャーナル，Vol.53，No.2，2008
6) 坂田克彦「SB尺度値に基づく昼光の変動を伴う空間の明るさ評価」日本建築学会大会学術講演梗概集，2019

3-1 センシング技術

1) 中嶋俊介，近本智行，他「小規模業務ビルにおける省エネ・BCP対策（第7報）在室検知センサを用いた照明・空調制御の有効性の検証」空気調和・衛生工学会大会学術講演論文集，2015

3-2 パーソナル環境制御

1) 左勝旭，杉鉄也，他「飯野ビルディングの環境・設備計画と実施」空気調和・衛生工学会誌，第88巻，第7号，2014

3-3 AI活用環境型制御技術

1) 西野淳，堀翔太，他「ヒューマンファクターを考慮して環境制御を行うアプローチ」日本建築学会大会学術講演梗概集，2018

3-4 行動誘発システム

1) 近本智行「ヒューマンファクターと設備」日本建築学会第9回建築設備シンポジウム，2013

索引

177

環境のヒューマンファクターデザイン
—— 健康で快適な次世代省エネ建築へ

2020年 9月10日　第1版第1刷発行

編　者　一般社団法人 日本建築学会 Ⓒ
発行者　石川泰章
発行所　株式会社 井上書院
　　　　東京都文京区湯島2-17-15　斎藤ビル
　　　　電話(03)5689-5481 FAX(03)5689-5483
　　　　https://www.inoueshoin.co.jp
　　　　振替00110-2-100535
印刷所　株式会社ディグ
製本所　誠製本株式会社
装　幀　川畑博昭

ISBN978-4-7530-1763-8 C3052　Printed in Japan

空間デザイン事典

日本建築学会編　A5変・218頁・カラー　本体 3000円

空間を形づくるうえでの20の概念を軸に整理された98
のデザイン手法について，その意味や特性，使われ方
を，多数のカラー写真を中心に解説する。紹介事例とし
て収録した建築・都市空間は世界各地700近くにも及ぶ。

CONTENTS

―世界の建築・都市デザイン―

空間体験

日本建築学会編
A5判・344頁・カラー
本体 3000円

計画・設計の手がかりに
なるよう，世界の建築・
都市92を厳選し，空間
の魅力をあますところな
くビジュアルに再現する。

CONTENTS

空間演出

日本建築学会編
A5判・264頁・カラー
本体 3000円

世界の建築・都市76を
厳選し，その空間に込め
られた演出性の視点から，
その効果や空間の面白さ
をわかりやすく解説する。

CONTENTS

空間要素

日本建築学会編
A5判・258頁・カラー
本体 3000円

空間を構成する要素に着
目し，世界の建築・都市
169を厳選。要素がもつ
機能的，表現的，象徴的
な役割を読み解く。

CONTENTS

建築・都市計画のための

調査・分析方法 [改訂版]

日本建築学会編
B5判・272頁　本体 3800円

建築・都市計画に際して重要な調査・分
析方法について，研究の広がり・多様化
に即して新しい知見や方法をふまえて
再分類・整理し，概要から適用の仕方ま
で，実務や研究に活かせるよう研究事
例・応用例をあげてまとめた解説書。

建築・都市計画のための

空間計画学

日本建築学会編
B5判・192頁　本体 3800円

15年にわたる空間研究の体系化を行う
とともに，建築・都市計画に関する最新
14の研究テーマを取りあげ，各々の研
究がどのような分野で応用されている
のかを，研究・設計への足がかりとなる
よう実例をまじえながら解説する。

＊上記の本体価格に，別途消費税が加算されます。